拾光纪

——

考古打开的
时间胶囊

丁雨 著

北京出版集团
文津出版社

图书在版编目（CIP）数据

拾光纪：考古打开的时间胶囊 / 丁雨著 . — 北京：文津出版社，2024.12
ISBN 978-7-80554-750-3

Ⅰ.①拾… Ⅱ.①丁… Ⅲ.①考古学—中国—文集 Ⅳ.① K870.4-53

中国版本图书馆 CIP 数据核字（2021）第 038159 号

策　　划：高立志　王铁英
责任编辑：王铁英
责任印制：燕雨萌
责任营销：猫　娘
装帧设计：鲁明静

拾光纪——考古打开的时间胶囊
SHIGUANGJI —— KAOGU DAKAI DE SHIJIANJIAONANG

丁雨　著

出　　版	北京出版集团
	文津出版社
地　　址	北京北三环中路 6 号
邮　　编	100120
网　　址	www.bph.com.cn
总 发 行	北京伦洋图书出版有限公司
印　　刷	北京华联印刷有限公司
经　　销	新华书店
开　　本	880毫米 × 1230毫米　1/32
印　　张	7.5
字　　数	168 千字
版　　次	2024 年 12 月第 1 版
印　　次	2024 年 12 月第 1 次印刷
书　　号	ISBN 978-7-80554-750-3
定　　价	88.00 元

如有印装质量问题，由本社负责调换
质量监督电话 010-58572393

目 录

一 天下四方 \ 1

良渚：王者风范 \ 3

探秘神秘的古蜀文明 \ 16

女娲、黄帝都是东北人？\ 32

资深美女的不老容颜 \ 41

填补陶瓷史的新星 \ 53

二 史料罅隙 \ 61

物中三国 \ 63

相由心生 \ 79

越过『半唐主义』\ 89

美妇人的花衣裳 \ 103

瓷中探秘 \ 112

打开美颜滤镜的瓷器 \ 118

三 走向世界 \ 127

风靡世界的『重口味』\ 129

燕归帆尽忆昆仑 \ 142

郑和船队到过东非吗？\ 155

打开时间胶囊 \ 166

在沉默深海 寻找致远舰 \ 176

四 考古滋味 \ 189

北大寻真展 半部考古史 \ 191

以地之名 \ 209

大潮流与小人物 \ 216

三星堆很热闹 考古人很寂寞 \ 223

后 记 \ 233

一 天下四方

良渚：王者风范

展览名称：良渚与古代中国——玉器显示的五千年文明
展览地点：北京·故宫博物院
展览时间：2019年7月16日—2019年10月20日

  5000年前，中土大地上群雄并起。虽然这些雄豪的名字早已消散，但是依据群雄崛起根据地今天的村落名称，考古学家还是给这些地方文明起上了"代号"。当时东有大汶口，西有仰韶庙底沟，北有红山，南有良渚、屈家岭。地方文明在各自首领的带领下齐头并进，各有特色。良渚文明虽地处东南，但其文明的辉煌程度、辐射范围和对后世影响却不容小觑。2019年，在良渚古城遗址申请世界遗产成功之后，故宫博物院率先将良渚文明的精华文物请入武英殿，带我们一同探究5000年前良渚王称霸东南的秘诀（图1）。

图1 "良渚与古代中国"展览入口展板

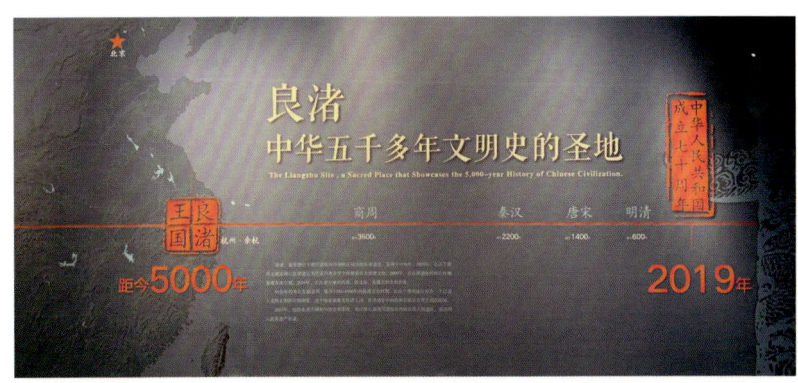

王的行头

当王出现在人们面前,他(或她)会是什么样子?

对于良渚王和今人来说,既然中间横亘了5000年的时间,那么这次邂逅注定是"生死会晤"。1986年,当反山墓群被挖开时,尽管基于前期的工作,考古工作者已有一定的心理准备,但墓底密密麻麻的玉器,还是令人吃惊。尤其是第12号、第20号墓,出土随葬品数量多、器类齐全,其中就包括了后来被称为"玉琮王"的玉琮。美玉承载的王的派头,虽已经沉默太久,但一经重现,仍然不同凡响。王者之玉,有何超凡之处?

按照《说文解字》的说法,"玉,石之美,有五德"。《说文解字》虽名为汉人许慎所撰,所反映的却是编撰之前知识的积累。"有五德"这一道德化身的意义,当然是儒家产生之后的比附,但"五德"的基础"石之美",却应是新石器时代以来人们一贯的看法。展览中所见玉器的玉色多呈现为两类:一类黄白,俗称"鸡骨白""象牙白"(图2);一类蓝绿,俗称"鸭屎青"(图3)。如此单调常令人误以为良渚玉材不过寥寥。实际上,展览所展玉器,大部分选自反山、瑶山以及良渚核心遗址区,而只有核心聚落和高等级墓葬出土的玉器玉料才会如此纯粹。如果将之与良渚文化的周边聚落和次一级聚落出土的玉质"丰富"的玉器群比对,便可知王者用玉的玉材,是经过了层层筛选的。玉之美者,出类拔萃,世之所稀,岂可落入凡夫之手?反山等地玉器玉材的纯粹,表面上彰显的是王者的审美,实质上体现的却是王者对于珍稀玉料资源的强势掌控。

图2 "鸡骨白"玉器

图3 "鸭屎青"玉璧

　　掌控珍稀玉料资源，是做出符合王者身份玉器的第一步。细观热门文物——反山第12号墓出土的玉琮王（图4）可知，想要制作这样一件玉器，除了寻找整块珍稀玉料颇费周折之外，将不规则的玉料琢磨出规矩的形态和理想的花纹，即便在今日也是颇具技术难度的事情。玉琮内圆外方，但其外壁并非真正的方形，而是带有弧

图4　玉琮王

度的面,想要让四面四角保持相同的弧度,当然需要精密的计算。今天的我们在没有圆规等工具的情况下,很难画出一个规则的圆形,但是良渚人却能够成功在玉石上挖出一个中规中矩的圆孔。"规矩"的难度不仅在于易于观察的方与圆,还在于不易察觉的尺寸变化。根据考古研究者的观察,无论是高琮还是矮琮,玉琮均呈一定程度的上大下小,这就要求玉工做出平均的收分效果。而我们在展厅中看到的所有玉琮,肉眼几乎无法从其形态上观察到计算的误差。至于玉器上的神人兽面纹曾被其发掘者忽略多时的趣闻,本身就足以说明纹饰的细密。在极端的情况下,良渚人可以在1毫米内刻3条不重合的线条——不怪考古研究者最初的粗心,只怪良渚玉工技艺太精湛!种种玉器之中,玉琮的制作最为复杂。它规矩的器形与低调的纹饰表明,制作玉器常用的切割、管钻、掏膛的技术早已为良渚玉工娴熟运用。而良渚王者对玉琮王等精美玉器的占有,则明白昭示着,王者不仅享有最好的玉料,同样也占有着最好的制玉技术。

好资源好技术,谁不想要?换句话说,权势煊赫的王者,谁不想当?几千年后的晚辈陈胜就曾大呼:"王侯将相宁有种乎!"有种

6

不有种，不好说，但满心不服气的陈胜虽然揭竿而起一番挣扎，却并没能把自封的这个王当到最后。这就说明，掌权当王，本身是个技术活。反山墓群的发现表明，良渚王好歹善终，还有可能传了好几代，权力的把控相当牢固。所以他的掌权技术是什么呢？良渚的"文字"太过简单（图5），不足以开口倾诉，线索还是要着落在玉器身上。

　　玉材是珍稀的资料，它的形状，它的花纹，渗透着良渚人的深思熟虑。在周礼之中，有"苍璧礼天、黄琮礼地"的规范，璧与琮和天地对应，当然堪称周礼玉器系统中的核心礼器。琮与璧实际上是比西周人早2000年的良渚人的原创。但从玉器的质地、出土的情况等种种迹象来看，在良渚人的世界里，琮的地位独一无二——璧

图5　良渚文字

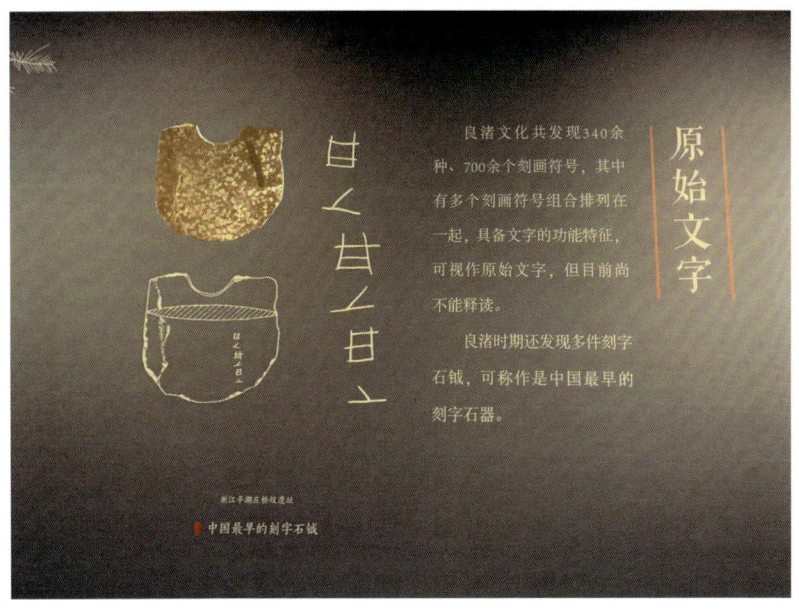

图 6　神人兽面纹

并不能与之并肩。哈佛大学张光直教授指出，琮的实物形象是外方内圆，实际上是兼顾方圆的，同时它还从中贯通。中国自古以来有天圆地方的观念，而琮的形象正好与之对应，它将方与圆贯串起来，从形状上看，就仿佛是天地贯通的象征。所以它很可能是贯通天地的一种手段和法器。琮的形态，让它立身天地舞台，琮的花纹则暗示了舞台上的演员——谁能贯通天地呢？如今我们将玉琮上的那组形象称为"神人兽面纹"（图6），这一名称本身就揭晓了答案：神人与神兽。当然，神人并不是虚无缥缈的想象，他原本可能就是部落中的巫师，因为巫师在很多部落中就承担了沟通天地的工作，而巫师作法往往需要多种动物的合作。所以我们会看到，神兽的形象是多种动物形象的抽象，其原型可能包含了蛙、猪、虎、鳄鱼，等等。当玉琮汇聚了天、地、神、人、兽时，我们可以推想，它的掌控者就获得了一种重要的权力——代表上天大地"传话"的权力。今天我们可能会觉得这种所谓"权力"荒诞而可笑，但是仔细想想，这权力却至关重要。同样都是良渚人，凭啥听你的？凭啥你当王？这时候你缓缓掏出沟通天地的玉琮，代表上天发言时，其他人自然要诚惶诚恐。在漫长的历史过程中，这种权力始终在发挥着重要的作用——比如，为什么皇帝要自称"天子"？为什么英国的詹姆士一世鼓吹"君权神授"？就是为了让手中的权力获得合法正统的地位。天、地、神可能是神秘的、难以接触的，但手持玉琮的天、地、神代理人却可以代表天、地、神来向民众行使权力。正因如此，玉琮所象征的可能不仅是天地贯通，更象征了神权。它的存在使良渚人获得了精神上的凝聚力。

浙江省文物考古研究所所长方向明指出，良渚人最重要的三种玉器中，玉琮象征神权，玉璧象征财富和财权，玉钺象征军权和王权（图7）。换句话说，在良渚发现的诸多玉器，实际上暗示了良渚社会的权力结构。良渚王的墓葬中，琮、璧、钺一应俱全，大概正表明其大权在握。当权力尽在手中，那么权力的运行和展现，便在于人群的组织。

"组织"听起来像个老掉牙的词汇，却是诸多辉煌文明制胜的法宝。良渚宏伟的城池、壮丽的宫殿、发达的人工水系——当然不是靠良渚王一个人或一族人就能变出来。它们的构筑靠的是良渚人民的团结一致，靠的是人群背后的组织力。神权给良渚王以向心力，这是组织的基础，下一步，就要看良渚人如何构建自己的社会。时光久远，社会组织的细节朦胧不清，但是从诸多遗迹遗存上，我们却可以把握其组织的核心——等级分明的社会层次（图8）。器物质地上玉与石的差别、房屋遗存面积大小的差别、墓葬随葬品丰与简

图 7　玉钺复原示意

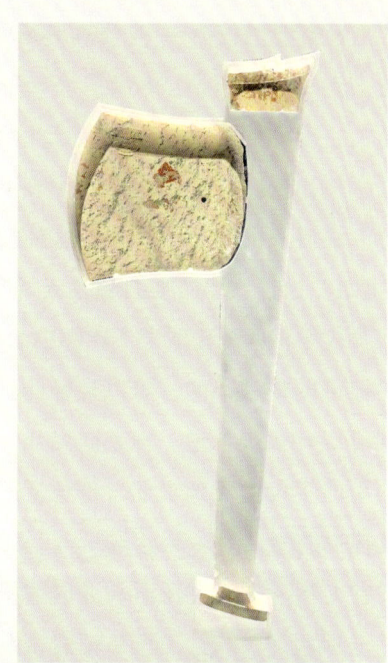

图 8　良渚社会等级示意图

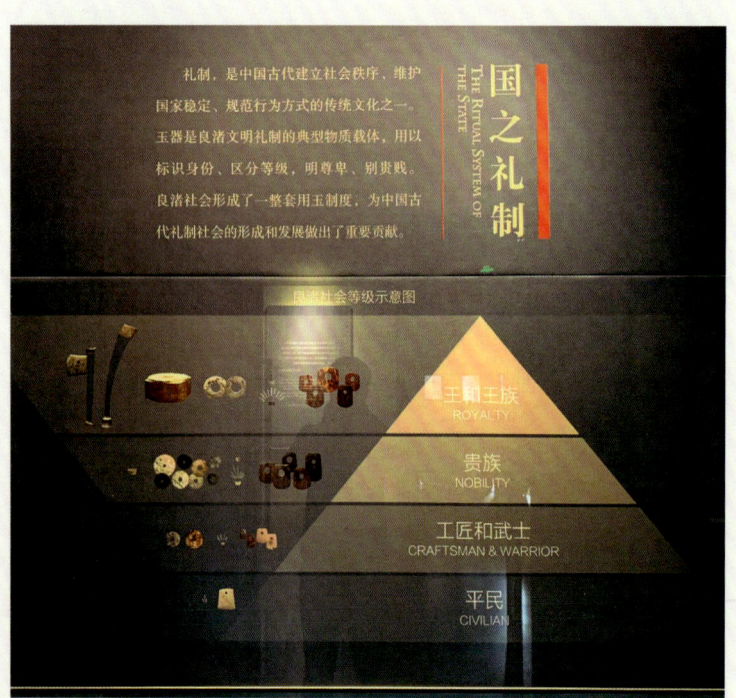

的差别，向今天的我们清晰地展露了良渚社会的层次，而这种层次的背后，正暗示着社会中严密的制度。金字塔式的结构，是良渚人群组织形态的外化，体现着权力的延展。

展览利用研究成果，将一件件玉器披上良渚王与后的身体（图9、图10），带我们一览良渚统治者的丰姿。他们在死后仍然不舍仍想牢牢把握的，并不仅仅是玉的温润秀美，也不只是那套威武的行头，更多的还有良渚高度文明的精华和奥秘。

图9　良渚王后

图10　良渚王

11

王的背影

当良渚文明湮灭，在数千年的时间里，在 20 世纪 30 年代施昕更发现良渚之前，这曾经繁盛一时的东南神王之国好像早已被人遗忘。在中国已知的历史书写中，从未出现过良渚的名字。长久以来，在人们的印象里，中华文化似乎就是源自"中"——中央之地，中华礼仪，就是对周礼的一脉相承。但是固有的印象，经不起发现，也经不起层层解构，周礼不是无中生有，中原文化也非一枝独秀，有活力的文明永远心态开放，永远博采众长。良渚正是"众长"之一。80 年来的考古探索，让人们发现，良渚文明的精粹，从未消失于人们的生活。

比如，良渚的城（图 11、图 12）。2006 年占地面积约 3 平方公里的良渚古城的发现，是良渚文明探索历史上的重要一步。虽然珍贵玉器显示的高超工艺已经透露出良渚先进文明的端倪，但还是规模宏大、结构复杂的城池更能为研究者对良渚人强大能力的推测提供佐证——毕竟，单是良渚古城的部分设施就需要 1 万人工作 22.5 年。如此庞大的工程系统自然是对良渚社会强大组织力更好的印证。看展览中大屏幕展示的良渚古城兴建过程，会有似曾相识的感觉——良渚古城中的莫角山宫殿区，刚好与其外的城墙、外郭构成了三重结构，这与展览所在地故宫与北京城所构成的结构本质类似。当然，良渚古城年代久远，其在城市营建方面的实际影响，还有待于中国城市发展链条上更多环节的发现。但良渚古城的影子印在北京城的结构上，让人不觉有轮回重影的"缘分感"。虽然城市平面规划的影响尚不确凿，

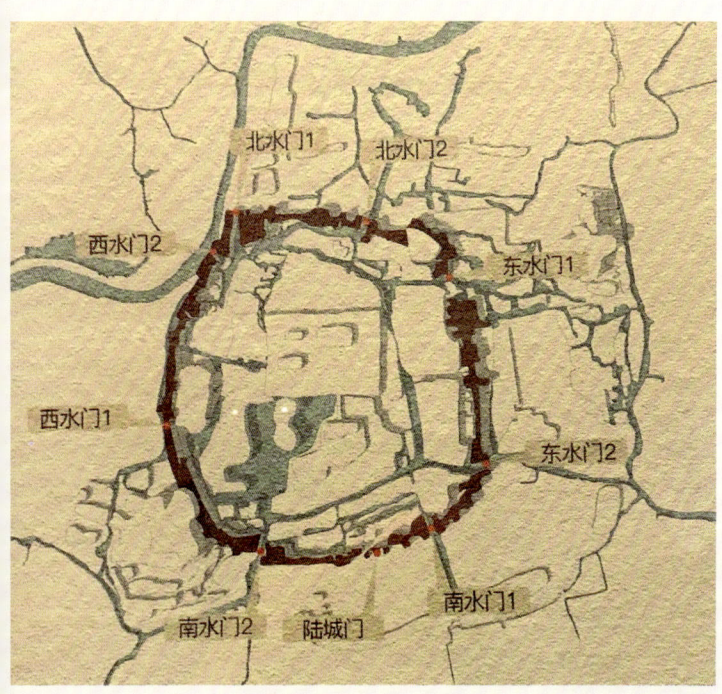

图 11　良渚古城平面图

图 12　良渚古城沙盘模型

但良渚古城配套的水利工程的建设,却影响深远。中国人治水一般从鲧、禹父子说起,这两个传说人物假如存在,那应距今 4000 年左右。良渚古城距今 5000 年,其本身置身水泽之乡,目前显现的治水遗迹在某些方面——如各种形态的堤坝——与鲧、禹传说暗合,或是后来父子二人治水的灵感来源之一。从展览的影像演示可知,良渚人在良渚古城西北兴建了一整套水坝系统,以应对不同季节不同年份的水量。从其走势、规模等情况来看,研究者认为,这套水利系统或具有防洪、运输、用水、灌溉等方面的诸多功能。良渚古城的水利建设,或能让我们对中国历代治水的历程与渊源,有更具体的认识与想象。

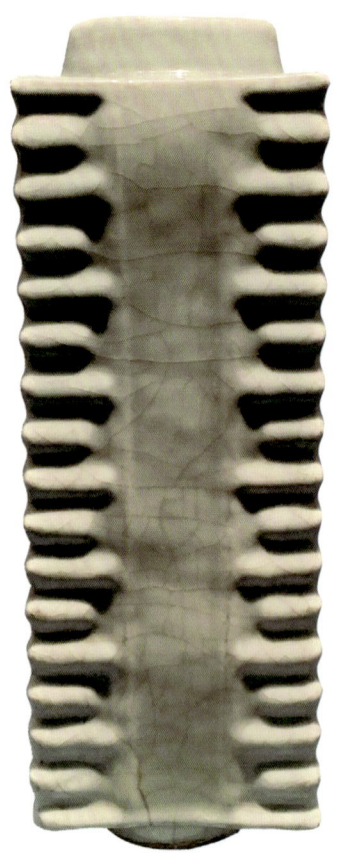

图 13　琮式瓷瓶

再比如,良渚的璧与琮。两者后来都成了中国传统玉文化的核心,璧甚至后来居上——和氏璧的传说人们耳熟能详,而和氏璧琢磨成的传国玉玺,更成为国家政权的物化表现,为群雄争夺。琮在后来的历史中看似低调,实则从未远离。早在新石器时代,它便走出东南,沿长江上溯传播,并跨过淮河,传播至黄河流域。一方面,这一器形的活力始终未曾消减,一直持续到晚清民国,甚至蔓延到其他的材质(图 13)。另一方面,琮精细花纹的奥秘，早已被中原王朝的掌权者看破。从二里头的玉柄形器上，就可看到精心的模仿，而更为人熟知的模仿者，是青铜器。神人兽面纹中兽面的部分，正是青铜器饕餮纹的重要来源之一。三代玉器与青铜器在中国历史上不断被后人复盘仿效，良渚的这一缕玉魄，也便随之绵延不绝。

结语

当我们谈论中国时，我们在谈论什么？"中"看似有某种重点的倾向，实则只是四面八方兄弟姐妹们相聚的地点——它意味着开放式的凝结，意味着不拘于某地的创造，而要东南西北中的诸多精彩。譬如5000年前的良渚，起于东南，却凭借独特的魅力，暗自贯于中国史的始终传承。

（本文图片均由作者摄自展览现场）

相关图录：

浙江省人民政府、故宫博物院编：《良渚与古代中国——玉器显示的五千年文明》，北京：故宫出版社，2019年。

延展阅读：

浙江省文物考古研究所等编著：《权力与信仰——良渚遗址群考古特展》，北京：文物出版社，2015年。

探秘神秘的古蜀文明

展览名称：古蜀华章 —— 四川古代文物菁华
展览地点：北京·中国国家博物馆
展览时间：2018年7月19日—2018年9月19日

　　在史书中，有关蜀地的叙述一向特殊。它险山环绕，似是天然成就的屏障，让它有成为世外桃源的可能。然而，它似乎又从未远离过历史舞台。"天府之国"的身份，让历代英雄为之折腰。刘邦、刘备、李雄、王建、孟昶，皆借重于蜀地，进则兼并天下，退亦可裂土称王。蜀地天赐的"高冷"和古往今来权豪对它不灭的热情，让人不由得对这片张力十足的土地充满好奇。不过，若仅凭史书不断上溯，却容易发现，古蜀历史的线索至于战国便影影绰绰，更早的源流则鲜有记载。幸而百年来考古学的发展，为穿越蜀地的时空打穿了另一条隧道，为重述被文字遗忘的历史创造了可能。2018年7月，中国国家博物馆便以百年来蜀地考古发现的重要成果为基础，举办"古蜀华章 —— 四川古代文物菁华"展（图1），试图讲述一个完整的古蜀故事。

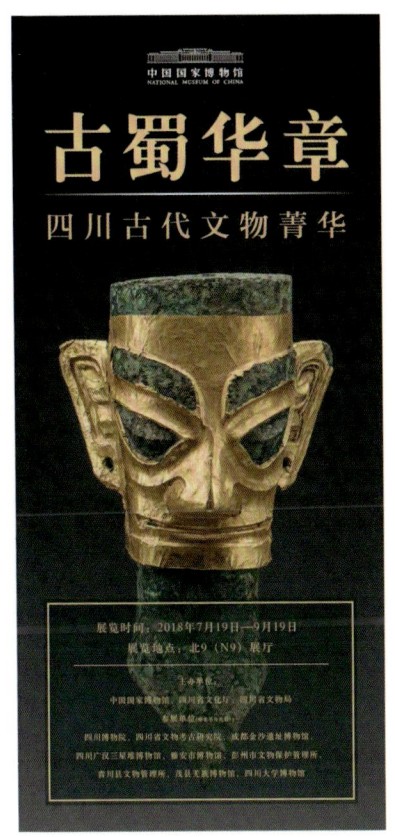

图1 "古蜀华章"展览海报

会说话的大眼睛

　　谈起古蜀文明,最神秘也最令人兴味盎然的部分,莫过于三星堆器物坑出土的遗物。1986年的这一重大发现,揭开的正是古蜀文明起步阶段的辉煌一幕。正因如此,展览起头,便以三星堆出土的巨型青铜面像(图2)为序,震慑全场。纵目飞耳、高鼻大嘴——夸

图 2 纵目青铜面像
　　　三星堆遗址出土

张的五官,辅之以重量级的"体格",这尊巨像直观地冲击着人们的视听和认知,让人情不自禁融入展览营造的"古蜀气场",屏声静气,步入展览的第一单元,循展线进入三星堆的世界。

　　三星堆出土文物中,千篇一律但又各不相同的青铜面像,一向令人印象深刻。而各种青铜脸上最摄人心魄的,又莫过于那会说话的大眼睛(图3)。序厅中所见的巨型青铜面像虽与普通青铜面像不尽相同,但那双纵向伸出的"眼柱子",却与普通面像的大眼睛异曲同工,而又更进一步。实际上,在史料有关古蜀的只言片语中,亦可看到对蜀人特殊人物眼睛的记载:"有蜀侯蚕丛,其目纵,始称王。"不少研究者据此认为,青铜巨像以如此夸张的手法刻画出的纵目者,可能正是传说中的蜀地开国君主蚕丛。蜀人对眼睛的喜爱和认同,绝非我们一厢情愿的错觉。巨大的眼睛不仅在一张张面孔上夸张夺目，昭示它们的特殊，也在三星堆出土的青铜纹饰上反复出现，甚至单独出现(图4)。种种迹象表明，眼睛在三星堆人的世界里有着非凡的地位。那么我们不禁要问，何以如此？

这问题或许用顾城的诗歌解答，最为确切。顾城说，黑夜给了

图3　戴金面具青铜头像
　　　三星堆遗址出土

图4　组合型眼形青铜器
　　　三星堆遗址出土

图5　青铜轮形器　三星堆遗址出土

我黑色的眼睛,我却用它寻找光明。若仔细翻检三星堆出土的遗物,便会觉得三星堆人与顾城心有灵犀。在炯炯有神的巨眼之外,三星堆人用青铜制成了巨大的青铜轮形器(图5)以象征太阳,制成了世所罕见的青铜树,象征太阳的来路"扶桑"和归处"若木"。表现对太阳光明的感知,唯有用众多睁大的眼睛。而在虔诚的仰望中,这辉煌的光明似又能与眼睛交融,让眼睛本身也成为光明的象征。有学者甚至认为,青铜巨像的双眼之所以突出,正是为了表现这位英雄人物或神祇拥有控制光明的力量。

太阳的光芒如此强烈,肉眼凡胎,又如何能时时瞻仰?在望与不望之间,三星堆人自有一番变通,他们寻到了太阳的象征之物,那便是神鸟。三星堆人的鸟崇拜如此普遍(图6),未必全然因太阳崇拜而起,但二者却在各自的崇拜道路上相遇,融汇成交集。神树枝头一只只象征太阳的金乌,已让众多学人浮想联翩,而展览中所见的一件人首鸟身青铜像(图7)同样暗含玄机,以小小的身躯与恢宏巨大的展品呼应。若细细观览则可发现,其人首部分与青铜巨型面像极为相似,这暗示着,青铜巨像原有的身躯极有可能也是鸟身。只不过鸟身木制,于安放入坑时焚毁,为今人所不见,只有以铜打造的关键面部幸存至今。眼含光明而身有羽翼,太阳与鸟在三星堆人的世界里由此获得了奇异的结合。

眼睛、太阳、神鸟,构成了三星堆人信仰的表象,表象背后权力分配的奥秘,则隐藏在三星堆人的"背影"之中。此次展览的一大亮点,便在于利用北京大学孙华教授对三星堆社会人群身份和权力分配的最新研究成果设计展览内容。在孙华教授看来,想要探究三星堆人群身份的关键,须得绕到背后,好好看一看他们的"背景"。而解读"背景"的钥匙,则在于他们的发型。三星堆青铜面像的发型可分为两类,一类为辫发(图8),一类为笄发(图9)。就

图6　青铜立鸟　三星堆遗址出土

图7　人首鸟身青铜像　三星堆遗址出土

图8　辫发青铜人头像（背面）　三星堆遗址出土　　　图9　笄发青铜人头像（背面）　三星堆遗址出土

数量而言，辫发铜像的数量多于笄发者。如果出土文物的数量可视为抽样统计的结果，则这一现象表明辫发人群是三星堆的主体人群。虽然数量少，但笄发人群在三星堆社会中却扮演着特殊的角色。目前三星堆发现的完整铜人像，全部采用笄发发式。这些铜人像或手举酒樽，或手捧礼器，从衣着服饰、举止行为来看，像是专门从事巫术、宗教活动的人群。而这大概正是少数派笄发人群的职业特色。在物质文化的研究中，器物材质往往是区分等级、地位、权力的重要标准，青铜面像中共有4件戴有黄金面具，而两种发型各2件。这可能表明，在三星堆最高权力的掌控中，辫发者与笄发者平分秋色。而结合笄发者的职业身份，笄发者更有可能是神权的掌控者。

然而，无论这些青铜像曾代表何等高贵的人群，最终的结局，也只是烈火焚身，葬身坑底。三星堆器物坑中有明显的焚烧痕迹，坑口规整，表明这是一场事先张扬、有所预谋的掩埋。器物坑的年代与三星堆城址的废弃年代大体同时。自此之后，三星堆人似乎销声匿迹。难道创造了璀璨文明的三星堆人就这样退出了历史舞台？他们到底去了哪里？

和我在成都的西郊走一走

2001年，成都西郊意外发现玉器、青铜器、象牙等。这些珍贵材料制成的同时期器物此前在该地区仅在三星堆出土，自然引起了考古工作者的重视。随着调查和发掘的深入进行，一座都城级遗址浮出水面。这就是鼎鼎有名的金沙遗址。从类型学分析和科技测年结果来看，金沙遗址的年代紧随三星堆遗址之后，两地出土文物的文化面貌有前后相续之势，因此，金沙遗址可能便是背井离乡的三星堆人重新选定、苦心建设的新家。金沙古城的地理形势与三星堆古城如出一辙，都有河流从中穿过，将城市分为南北两部，这样的选址、布局安排，或许正流露着金沙人对38公里外故乡的留恋。

与三星堆的先民一样，金沙人眼望太阳、崇尚光明、喜爱鸟类。出土于金沙遗址、后来被选为中国文化遗产标志的"太阳神鸟"金箔便是明证。只是，时空坐标的变化，也给身处其中的人留下了痕迹。同望一个太阳，却看到不同的明朗；同爱一双翅膀，却看到不同的飞翔；同有一双眼睛，却闪烁着不同的光芒。面具上的眼形已经有所差别，而单独制造的青铜之眼，亦与三星堆者不同（图10）。

图 10　眼形青铜器　金沙遗址出土

信仰所好一脉相承，却以不同形态流传于世，昭示着金沙人对传统的发展与改革。

　　信仰体系的变动，往往意味着社会权力结构的变化。展览中未曾出场却又无处不在的一件遗物图像，暗示着金沙时代蜀地权力分配的变化。在展览第二单元，每一件展品的说明牌右侧均有单元徽标，徽标以策展者所认为最能体现展览单元特色的遗物的线图构成。第二单元"金沙光芒"的徽标，来源于金沙遗址出土的一件小铜立人（图 11）。这件铜立人头戴象征太阳的帽圈，所梳的发型为辫发，腰带上还插着短杖，双手举于胸前，手中原本似有所持——动作与三星堆的笄发大型铜立人相似。如果"太阳帽"象征神权，短杖象征世俗权力，则金沙时代的辫发人，大约已经大权独揽，将神权和世俗权力同时掌握在手中。当然，大权在握的只是少数人，同为辫发，亦有人身居下流，命运凄惨。在展览中可见双手被缚的跪坐石俑（图 12），其背部亦阴刻出辫发来。这也证明，辫发恐非社会阶层的标记，而应是族群区分的标识。

　　早在三星堆时代，蜀人应已有通往外界的道路。一件件三星堆玉琮（图 13），昭示了这一文明与外界千丝万缕的联系。从广汉三星堆到

图 11 "金沙光芒"单元的说明牌,文字右侧为单元徽标

族群

古蜀文明发展到十二桥文化时期,古蜀人的族群构成经历了一次剧烈的变化。前一时期主祭祀的笄发族群不再有发现,辫发族群取代笄发族群,掌管社会的宗教事务,可能已然成为上层社会的唯一构成。

这一推论最直接的证据来自金沙遗址发现的小立人像。这件小立人脑后编有一条下垂的麻花长辫、平头顶、戴有日芒形的头冠。从发饰来看,其显然是三星堆文化时期辫发族群的后裔。小立人的姿势呈右手在上、左手在下,似乎正捧持某物进行奉献的仪式,与三星堆发现的笄发大立人如出一辙。这两件体量上一大一小,时间上一前一后,行为上完全一致,发饰上却有所区分的人像,暗示了宗教权力在两个族群间的先后更替。

图 12　跪坐石俑背面　金沙遗址出土

图 13　素面玉琮　三星堆遗址出土

成都金沙，蜀人似乎是向西部退缩。但实际上，蜀人从未远离，甚至更积极地参与着蜀地之外的"国际"事务。按照《尚书·牧誓》的记载，武王灭商之战，古蜀国亦曾派人参加。四川彭州市出土的两件金沙时代的青铜觯带有铭文（图14），表明这两件器物原本来自中原，乃是蜀人参与中原战争的战利品。而展厅中央蜀地出土的青铜容器（图15），亦是中原地区青铜器的典型风格。这些容器与巴蜀风格的兵器混杂掩埋在古蜀地下，凝缩象喻着古蜀文化与外界文化的交流融汇。地理的阻隔，从未能真正阻挡人们交流的渴望。活跃的蜀人，同样不甘于崇山峻岭的封锁，一再地想要穿越险阻坎坷，一望更开阔的世界。而这份开拓交流的热望，便熔铸在一件件青铜器的花纹间，雕镂在一件件玉器的器体上，渴盼着能懂得的人。

图 14 青铜觯 四川省彭州市竹瓦街窖藏出土

图 15 蟠龙盖青铜罍
四川省彭州市竹瓦街窖藏出土

最后的蜀王

金沙主导的时代,大体结束于西周前期,此后至于史书明确记载的秦灭巴蜀,尚有几百年的空白。史书鲜有记载,考古方面亦少有三星堆、金沙之类都城级别的重要发现。材料的缺失,使得以往的古蜀文明展览对这一时段的历史少有提及。但此次国博策展者,却力图讲述一个完整的古蜀故事。也正因如此,才有了展览的第三单元"马家风尚"。

"马家风尚"中的"马家",所指的其实是在四川省新都县(今成都市新都区)马家公社发现的大型木椁墓(马家大墓)。这一时段虽至今未见类似于三星堆、金沙的大型聚落遗址,但以墓葬众多著称,其中最为重要的墓葬便是这马家大墓。马家大墓为战国时期木椁墓,墓坑长宽约 10 米,规模宏大,但其在 1980 年被发现时已经被盗。幸亏盗墓贼学艺不精,黑暗摸索中未能发现此墓椁室底部尚有腰坑。在抢救性发掘中,光这幸存的腰坑就出土了青铜器 188 件。对比同时期同地域墓葬,马家大墓无论在遗物质量、数量还是墓葬规模上均首屈一指,因此,多数学者判断,这一墓葬很可能是秦灭巴蜀前末代王朝开明氏一脉中某位蜀王的墓葬。

身居王位者,自然有王者的讲究——仅从腰坑出土的残存文物,亦可管窥一二。马家大墓所出青铜器种类丰富,既有兵刃(图 16),亦有容器(图 17);既有本地风格者,亦有带有中原文化、楚文化特征的器物。融汇内外的器物风格,为墓主人高贵的身份提供了进一步的佐证。更值得重视的现象是,各类器物多数为 5 个一组,这可能正反映了蜀地礼仪中的数字偏好,为今人探究蜀文化的文化细

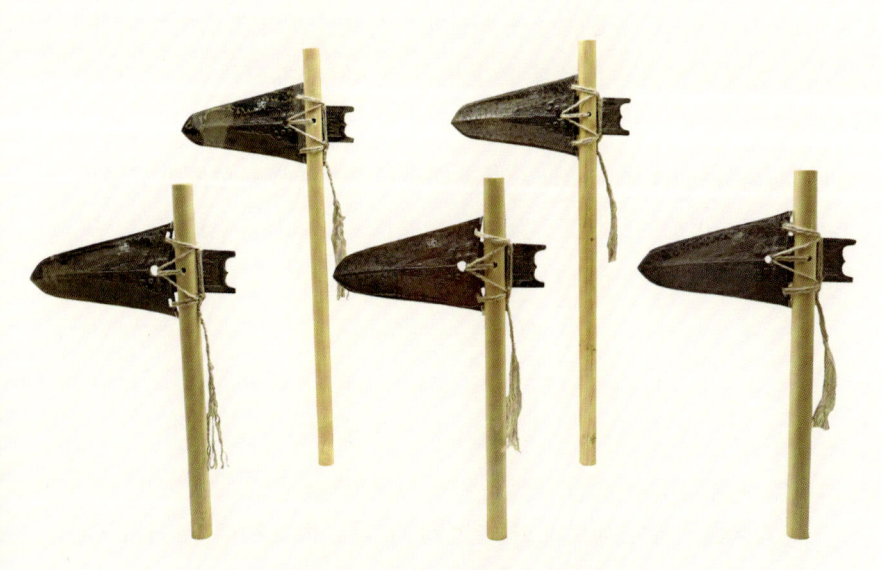

图 16　青铜戈一组　新都马家大墓出土

图 17　青铜鼎　新都马家大墓出土

节和背后的思想观念提供了重要证据。传说中，开明帝出身荆楚，恰与考古发现暗合。传说未必全然可信，但考古与传说的相互印证，却至少表明，战国时代的蜀地与楚地关系密切，王者之间甚至有可能存在同盟关系。由此，秦王朝布局巴蜀的战略意图也清晰可见——派去灭蜀的臣子正是屡屡出使楚国、诓骗楚怀王的张仪，灭蜀图楚之意，还不是昭然若揭吗？

结语

古蜀灭国，蜀地却由此进入史家的视野，而此次展览讲述的故事则戛然而止。展览以李冰建造都江堰的视频收尾，揭示了巴蜀之地成为天府之国的秘密。李冰父子对江河的治理，成就了巴蜀之地的千里沃野，成就了"天府之国"的美名。而这一收束则意味深远。对于蜀人而言，李冰父子终究是外来空降的官员，代表着外来文化、技术对本土资源的改造，但内外结合，却为蜀地流惠千年。虽然看似封闭的蜀地从未停止与外界的交流，但更大规模更深入的沟通，显然能让不同的文化在碰撞中闪耀出更耀眼的光华。历史如江水般滚滚向前，回望上游，自能慨叹各地先民筚路蓝缕的艰苦努力，而眼望东方，众流归海，这才汇成中华文明斑驳丰厚的底色。

（除海报来自中国国家博物馆官方网站，其余图片均由作者摄自展览现场）

相关图录：

王春法主编：《古蜀华章——四川古代文物菁华》，北京：北京时代华文书局，2019年。

延展阅读：

孙华：《三星堆器物坑的埋藏问题——埋藏年代、性质、主人和背景》，《南方民族考古（第九辑）》，北京：科学出版社，2013年。

孙华：《三星堆遗址的初步研究》，《南方民族考古（第十五辑）》，北京：科学出版社，2017年。

女娲、黄帝都是东北人？

展览名称：玉出红山 —— 红山文化考古成就展
展览地点：北京·中国国家博物馆
展览时间：2020 年 10 月 17 日—2021 年 1 月 17 日

"女娲造人"可能是我们最熟悉的上古神话。神话内容，虽然往往以想象为主，但想象总归是来源于生活。所以，女娲是否也有自己的现实原型呢？"玉出红山"（图1），或许提示了这种想象的一种来源。

牛河梁女神

1984 年 10 月 31 日，辽宁省朝阳市凌源与建平交界的牛河梁遗址，人们屏息凝神，专注地看着考古工作者从遗址中提取一件头像。当它成功出土时，考古工作者与其炯炯有光的眼睛对视，仿佛一下子穿越了数千年的时光。这件备受瞩目的头像，便是赫赫有名的牛河梁女神像。

当我们在博物馆中仔细端详女神像（图2）的时候，内心也许会充满疑惑：首先，这头像明明面目狰狞，何以其性别被判断为女性？在出土这件头像之前，在同一个建筑遗址中，已经出土了一些零碎

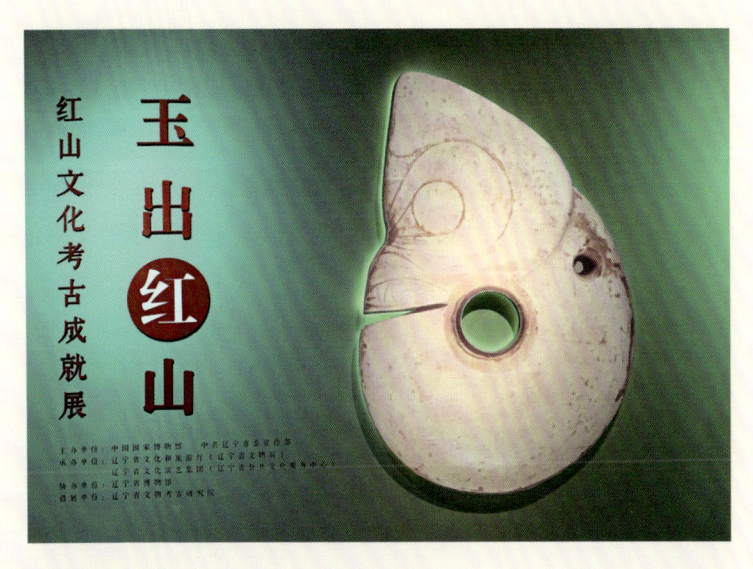

图1 "玉出红山"展览海报

图2 牛河梁女神像 牛河梁女神庙出土

的人塑残件，包括臂膀、大腿、手、耳朵、乳房等，这些残件均或多或少地呈现出女性的特征。正因如此，将头像的性别判断为女性，或许是最合理的推测。那么这些女性塑像，又为何会被众多学者判断为神像？

这些人塑残件表面打磨精细，线条流畅，并有彩绘的痕迹，明显经过了精心制作，这些自不必多说。破解这些女性塑像的奥秘，更重要的信息隐藏在它们的出土环境中。出土这些人塑残件的建筑遗址平面布局不算规则，以土墙、木柱构筑，大体南北长18米，东西最宽9米，最窄2米，总面积约75平方米，据发掘者分析，这座建筑的主体部分或可分为7室。这些数据看起来似乎平平无奇，但是在距今6500～5000年的红山文化聚落房屋中，已足以使之卓尔不群。除此之外，在出土的倒塌墙皮上，可以看到用红、白两色相间勾绘的回字纹图案，表明此建筑内壁绘制有壁画。联系古今历代状况略作对比便可知道，即便是在今天，精心修饰内壁的房屋，若非大型公共建筑的必需，便是权势人家的偏好，大部分普通房屋内壁不过是刷白了事。在资源难得的5000年前，规模宏大的房屋里描梁画栋，凸显了它的特殊性。

在建筑中发现的人塑残件大小为真人的1～3倍，如此规格，已足以让我们隐约猜到其作为神灵偶像的可能性。而进一步验证这种想法的，是这座建筑中出土的特殊陶器。展览中有一件满身镂孔的彩陶器（图3），胎质细腻坚硬、造型规整，从器形及镂孔情况来看，推测其应当是熏炉之类器物的盖。除此之外，在这座建筑中还出土有大型彩陶塔器残块。这些陶器制作工艺复杂，从其规格、功能来看，也并非用于日常生活，极有可能是祭祀用具。人塑、祭品让这座建筑的性质昭然若揭——它应当就是一座供奉女神的神庙。

图 3　熏炉器盖　牛河梁女神庙出土

地理位置进一步佐证了女神庙的性质和重要性。在以牛河梁遗址为中心数十平方公里的范围内至今未发现同时期的居住性聚落，这种与世隔绝塑造了它的神秘。在牛河梁遗址约有 20 个仪式活动地点，而女神庙和附近的祭祀平台所在的牛河梁第一地点，正处于牛河梁丘陵的制高点。如从女神庙向南眺望，可看到一座形如猪头或熊头的山峰——而猪和熊可能正是红山人崇拜的动物。种种迹象表明，牛河梁遗址或是红山文化人群的一处圣地，而女神庙是牛河梁遗址的中心。

在中国神话中，最资深的女神是女娲。在中国考古发现中，最资深的女神便是牛河梁女神。若比较这两位女神，还真能找到些相似之处。女娲抟土造人，牛河梁女神为泥塑真身——虽然塑造的对象不同，但似乎都反映出时人对于泥土利用、制陶技术及造型艺术的认识。女娲炼五色石补天，牛河梁女神可能和炼铜有关——在女

图4　玉龟　牛河梁遗址出土

神庙以南1公里处有一座人工夯筑的土山，号称"小金字塔"，它与女神庙及东西两侧的积石冢构成了牛河梁仪式性建筑群，在这座土山的山顶有炼铜遗址，遗址中发现有1000多个炼红铜的坩埚。女娲补天时曾斩断龟足作为支撑天的柱子，而牛河梁遗址也出土了无足玉龟（图4）。我们当然无法肯定牛河梁女神就是女娲，但或许红山文化人群所崇奉的女神，在一代代的口耳相传中，终究还是留给了后世神话书写者重要的灵感。

龙出辽河源

司马迁写《史记》，第一位人物就是黄帝。司马迁是一位严肃的历史学家，写黄帝，说明他相信黄帝的存在，但是他笔下的黄帝，又充满了奇幻的浪漫色彩。这种矛盾，或许说明，在史料缺乏的情况下，黄帝只能是一位亦真亦幻的人物。黄帝是炎黄子孙共同的祖先，其重要性不言而喻。正因如此，许多地方都希望坐实"黄帝故乡"的身份，好把黄帝作为当地杰出的乡党。原本，陕西、河南、山东都是很有竞争力的省份，没想到，红山文化被发现后，东北也加入了竞争。而这缘由，要从玉猪龙（图5）说起。

在"玉猪龙"这个名字流行开来之前，学界称之为"兽形玉"或"兽形玦"，之所以称之为"龙"，是因为经研究发现，比较受到广泛认可的"C"形玉龙（图6）形象，可能来源于这种兽形玉。"C"形玉龙身形苗条，已经具备了后世龙形象的雏形，因此，其作为"龙"受到了比较广泛的认可。但如细观这龙的头部，或可发现其口吻突出，鼻孔冲前，特别是颈后长鬣，这些特征可能来自猪。

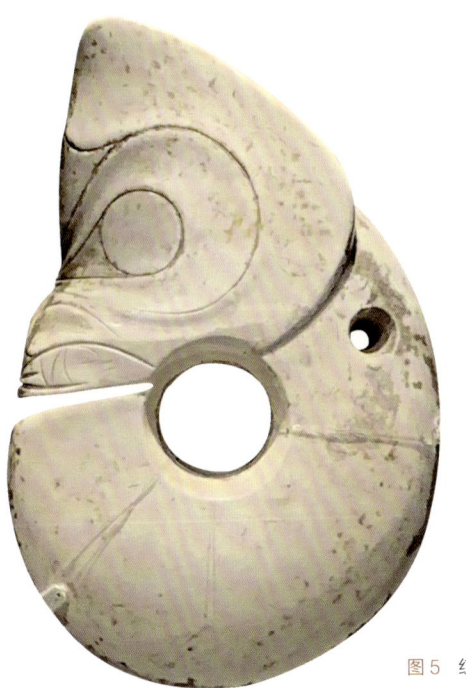

图6 "C"形玉龙
内蒙古翁牛特旗三星塔拉出土

图5 红山文化兽形玦

同时"C"形玉龙的体形，实为兽形玉的"瘦版"，可能正是由兽形玉发展而来。由此，称兽形玉为"龙"便顺理成章。而兽形玉的"兽"，与人类最早驯化的六畜比较一番，还是与猪最为相似。联系红山聚落的实际情况，各类红山文化遗址中出土的猪骨不少，发现了很多红山人群驯化猪的证据。猪在其经济活动中的重要性，或许正是红山人群崇拜它的原因。于是，"玉猪龙"之名便不胫而走。

但玉猪龙到底表现的是不是猪，还是有很多争论：有人认为它表现的是蚕，有人认为表现的是金龟子的幼虫，还有人认为是马。牛河梁遗址发掘的主持者郭大顺先生曾提出一个观点，兽形玦也可能是以熊为原型。理由是牛河梁遗址的积石冢曾多次发现熊的下颌骨，女神庙的泥塑动物中也有以熊为原型的例子，这些情况表明，红山人或许盛行熊崇拜或以熊为祭。假如兽形玦确实是"玉熊龙"，事情就变得更有意思了。

据史料记载，黄帝号有熊，有不少学者认为，有熊是黄帝的部落名称。我们知道，黄帝的事迹不多，但是他和蚩尤之间的涿鹿之战非常有名。有些学者认为，涿鹿这个地方，在如今的张家口一带。假如涿鹿真的在张家口附近，那么黄帝是陕西人、河南人、山东人的说法，可能就有点问题了。蚩尤一般被认为是来自东方集团，可能是来自山东，山东人和陕西人、河南人、山东人约架，应该不至于选到冀州之野的涿鹿，但如果和东北人约架，倒是有可能选在那里。另外，黄帝打仗，派上前去助战的动物们也很有地方特色：熊罴貔貅貙虎，除了神兽，基本是东北战团。除此之外，武王克商之后，是将黄帝的后裔封在了蓟，即燕山南北一带。武王分封，讲究渊源，这或许也能说明一定问题。从考古学文化来看，东北的红山文化的向南扩张路线，与仰韶文化的北上扩张路线，大体于涿鹿附近相遇并发生融合与交流。这和古史传说时代的局势颇有相似之处。正因如此，考古学界的泰斗苏秉琦先生曾以"华山玫瑰燕山龙"之语形容这场区域文化间的重要碰撞，并指出"黄帝时代的活动中心，只有红山文化的时空框架与之相应"。

结语

　　龙是中华文明的象征。从如今的考古发现来看，东北地区无疑是龙图腾最重要的起源地之一。从距今7600年的查海文化到距今6000年的赵宝沟文化，再到红山文化的玉猪龙、"C"形玉龙、玉龙凤佩（图7），东北之龙历经2000年一脉相承，直至南下广为接受，成为华夏民族的象征。女娲、黄帝是否是东北人，并不是问题的关键。牛河梁和它的女神所展示的神圣，是红山人群精神信仰的缩影，

图7　玉龙凤佩　牛河梁遗址出土

而兽形玦和玉龙,来自那时手中脚下实实在在的生活。神话迷离,玉色温润,在东北热土,人心已然凝聚。

(图片均由作者摄自展览现场,图 2 拍摄自展板)

延展阅读:

郭大顺:《龙出辽河源》,天津:百花文艺出版社,2001 年 。

资深美女的不老容颜

展览名称：千山共色 —— 丝绸之路文明特展
展览地点：北京·北京大学赛克勒考古与艺术博物馆
展览时间：2019年11月1日—2020年2月28日

近年来爆火的美女明星常常来自新疆，从佟丽娅到迪丽热巴，倾城之笑，不可方物。只是，巧笑倩兮，往往转瞬即逝，美人的青春芳华，不过十数年时光，总难永驻，令人嗟叹。或许正因为这韶华易逝、红颜易老的遗憾，某些得自然、命运眷顾而得以定格于世间的美好，便显得格外珍贵。譬如近期因北京大学赛克勒考古与艺术博物馆"千山共色"展览（图1）进京的"小河公主"，历经3500年容颜不老，嘴角一抹神秘的微笑，不仅引导我们看清"新疆出美女"背后的文化源流，也让人们看到自身重拾历史的持续努力。

图1 "千山共色"展览海报展板

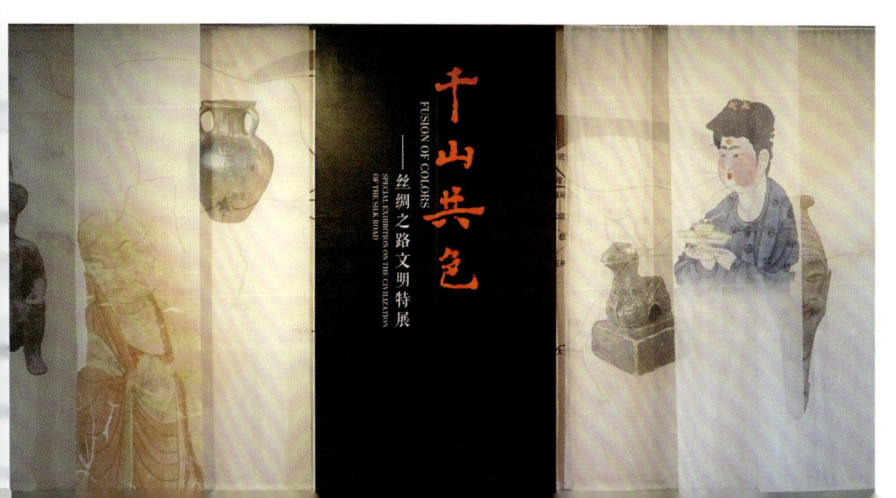

"小河公主"是谁？

1934年5月，年仅31岁的瑞典青年考古学者贝格曼（Warlock Bergman）率领一支考察队伍在"死亡之海"罗布泊附近地区寻寻觅觅。贝格曼虽然年轻，但无论在考古专业，还是在对中国西北的了解上，已经算是"老江湖"。毕业于瑞典"清北"——乌普萨拉大学的他，早在学生时代便备受学界前辈赏识，年纪轻轻便先后参加调查、发掘古代遗址20多处。如此丰富的经历即便在今天的同龄同行中也堪称丰富——这或亦能透露出他对考古的激情。正因如此，当学界名宿斯文·赫定于1927年筹备中瑞中国西北考察团时，用唯一的增募名额将24岁的贝格曼揽至麾下。1934年的贝格曼已经是第三次进入中国西北，此时的他已在罗布泊地区独当一面，负责考古调查，试图寻找古代丝绸之路起源的新证据。

不过，在1934年的5月，想必贝格曼已经略感焦躁。当地向导奥尔得克当初信誓旦旦说在孔雀河以南的荒漠有个"一千口棺材"小山时，考察队员们不无怀疑——毕竟那片区域已经先后被多国学者踏访多次，并无所获。不过，赫定却对这位帮助自己发现楼兰古城的老向导信任有加。只是，如今已经找了两个多月，却连一口棺材也没发现。贝格曼调整心绪，再一次沿孔雀河南行寻找。这次，他们遇到了孔雀河的一条南向的支流，决定沿支流南下。这条支流河宽不过20米，并无正式名称，他们便随意地将之记录为"小河"。不料，这"小河"之名却最终震惊了世界——沿小河行走不远，奥尔得克便认出了自己曾经到达过的小山包。考察者们抬眼望去，奥尔得克所说的墓地却是一片密密麻麻的枯木林。略略走近,贝格曼便看出,这些枯木,实际上便是墓葬前的立柱(图2)。后来的研究表明,这些立柱可能象征着男女的生殖器官,表达着人群的生殖崇拜和繁衍后代的祈愿(图3)。

图3 小河墓地女阴木桨

图2 小河墓地立柱林立的场景

贝格曼发掘了小河墓地中的 12 座墓葬。新疆沙漠干燥的环境，是保存有机物的天然有利条件。正因如此，贝格曼在描述他见过的一具保存较为完好的女性遗体时写道：

"我见到一具木乃伊至今仍有白皙的肤色……一具女性木乃伊面部那神圣端庄的表情永远无法令人忘怀！她……漂亮的鹰钩鼻、微张的薄嘴唇和微露的牙齿，为后人留下了一个永恒的微笑。这位'神秘微笑的公主'已经傲视沙暴多少个春秋，聆听过多少次这'死亡殿堂'中回荡的风啸声。"

贝格曼的动情描述，让"小河公主"之名不胫而走。斯文·赫定和贝格曼组织这一考察的目的在于丝绸之路，特别是路上的楼兰文明，因此贝格曼将这片墓地归入历史时期，而非史前。有人由此附会，说这位女性是"楼兰女王"。但"公主"也好，"女王"也罢，终究并无明确标注身份的证据。但这广为传播的名称，却蕴藏着人们对于远古美好容颜的无尽想象和由衷赞叹。

寻找"小河公主"

囿于条件，20 世纪 30 年代考察的采集品中并未包括"小河公主"本人。而在贝格曼之后，长达 66 年的时间里，再无考察队伍进入小河墓地。大漠漫漫，道路难寻，想要再度邂逅，谈何容易！但国人心心念念，从未停止对"小河公主"和其背后人群的惦念。1979 年，新疆社会科学院考古研究所王炳华等人曾利用中央电视台拍摄记录片《丝绸之路》的机会，进入当时的军事禁区罗布淖尔寻找小河墓地，尽管发现了著名的古墓沟遗址，却并未能够如愿找到小河。

2000年12月，王炳华再次组织起一支专业背景多元的队伍，徒步赴孔雀河下游寻找小河墓地。即便相比于20世纪30年代，考察队的设备已经大幅进步，但面对区域广大的沙漠地带，茫茫沙丘、严寒狂风，仍足以让人望而却步。而更让考察队心中没底的是，他们手中的线索也只有贝格曼对于位置的模糊描述。3天的徒步让考察队员几乎筋疲力尽，甚至身负轻伤，而当到达推测地点时，却未见到林立的枯木。考察者虽心灰意冷，却仍然心有不甘地登高向四周眺望，无意间看到东面远方有一处木杆密集的山包，宛如贝格曼小河墓地照片中的景象——那正是60多年前贝格曼到达过的地方！

再度走入小河墓地的考察队，对小河墓地进行了初步的调查。他们并未见到墓地中的女性遗体。2002年，经国家文物局批准，新疆文物考古研究所等单位先后于2003年12月—2004年3月、2004年9月—2005年3月，组织了对小河墓地的两次发掘，完成了对整个墓地的发掘，共发掘墓葬167座。当初贝格曼誉为"公主"的遗体，因经扰动，在多年之后的考古活动中已经无从寻觅与核对。但发掘中出土有与照片中打扮近似的女性遗体，于是人们把"小河公主"的名字，赋予小河墓地11号墓的墓主人。此次来到北京大学赛克勒考古与艺术博物馆的，正是这位新的"小河公主"（图4、图5）。

了解"小河公主"

真正面见美人之时，很多时候，为之倾倒的青年男女们会手足无措，虽然很想聊个天，但不知道该如何开启话题。考古学家围绕"小河公主"展开的研究方向，或许可以给这些羞涩的青年一些启

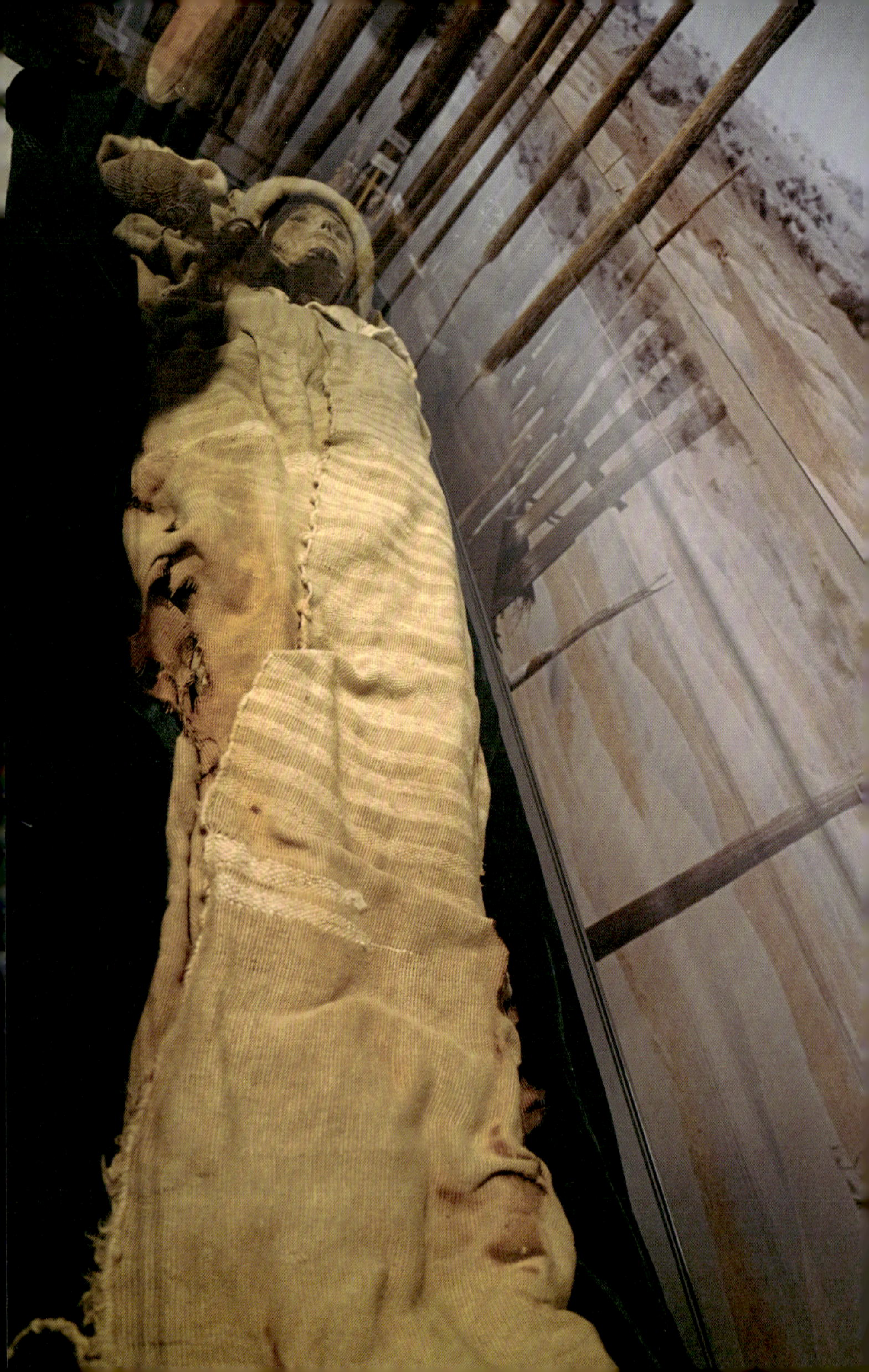

图 5 "小河公主"（M11 墓主人）头部

示——束手束脚反而不利于美人遗体遗物的保护。

人们首先想要知道的是，这"小河公主"是哪里人？惊鸿一瞥之下，便可有线索。"小河公主"虽然身形娇小，仅有 152 厘米，但皮肤白皙、高鼻深目，毛发呈现亚麻色，长发及胸，这些特征表明她并非属于亚洲人种，而更有可能是一位来自西方的欧洲美女。经 DNA 检测，考古学家验证了这一推测，并指出了具体的人群来源方向。小河墓地早期人群与欧洲、西伯利亚等地人群关系密切，至晚期，则人群中开始出现西南亚、东亚成分。这表明小河人群的形成，其背后可能是各地人群跨洲迁徙通婚的结果。

图 4 "小河公主"（M11 墓主人）

自贝格曼发现小河墓地以来，"小河公主"及其同伴的"年龄"便是人们争论的焦点之一。贝格曼认为他们早于楼兰，但早到何时无法确定。经科技测年可知，"小河公主"的年龄远比楼兰古国要早，其生活的年代大体相当于中原地区的商代早期，为公元前1500年左右，而楼兰的兴亡大体发生于千年之后的秦汉时期。因此虽"楼兰美女""楼兰女王"之号盛行一时，实际上却名实不符，颇为不妥。

"老家"和"年龄"是最基本的信息，想要和她建立更亲密的友谊，则应当了解她的"品味"和"喜好"。"小河公主"被贝格曼以"公主"象喻，除因这些小河女性形貌端庄之外，也离不开其本身着装烘托出的高贵气质。贝格曼虽未带走"公主"本人，但不客气地采集了"公主"的毡帽和项圈——当然，贝氏并非贪恋"公主"的财物，实在是因为古代纺织品是难得留存下来的珍贵文物，具有极高的分析价值。新"小河公主"身披斗篷，头戴白色圆毡帽，佩戴项链，身围短裙式腰衣，腰衣的穗子垂至膝盖以上，足蹬皮靴，即便用今天的眼光来看，其穿着也相当时尚，不落俗流（图6、图7）。"公主"并不满足于自己天生洁白的肤色，她全身还敷满了一层浆状的乳酪，让皮肤更显柔嫩光滑。若想请这位衣装楚楚的佳人共进晚餐，她会喜欢吃些什么呢？研究者们通过研究小河人群的牙齿，发现他们更爱吃肉，吃的素食虽然不少，但种类相对单一。身上涂抹的乳酪表明，牛奶和奶制品或许也是他们喜爱的食物。但是小河人群的牙齿磨损程度却普遍较高，这可能与当地人的食物加工技术和方式相对落后有关。所以，邀请"公主"吃饭，可不能请她吃太难嚼的东西。

研究者观察"小河公主"的衣装和饮食，并不是为了追求她，而是希望能够看到其背后小河人群对于自然资源的开发、利用程度和对于沙漠环境的适应、改造情况。白色的毡帽用羊毛毡制成，帽

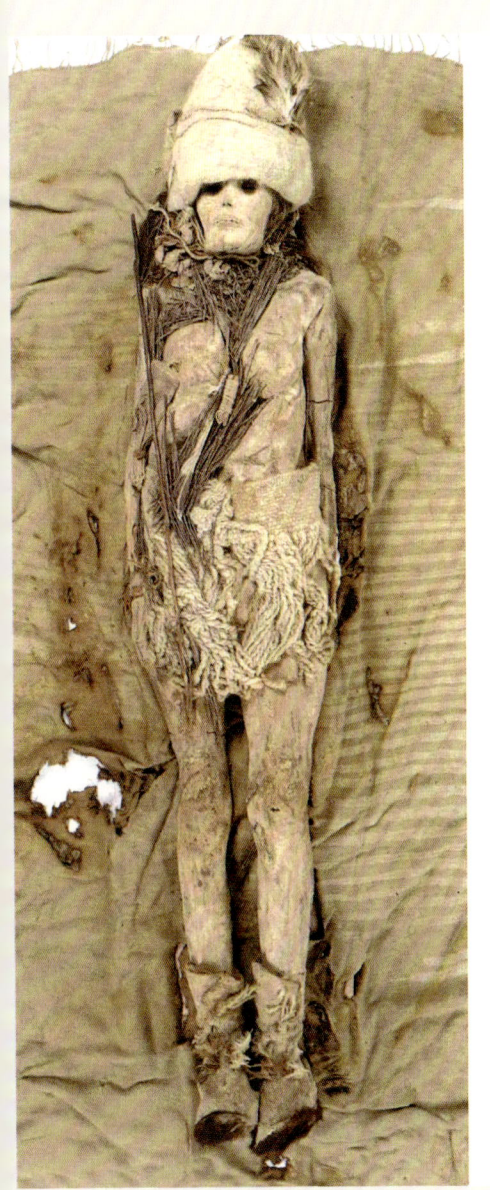

图 6　展开斗篷的 M11 墓主人及 M11 前的男根立木
（引自《新疆罗布泊小河墓地 2003 年发掘简报》）

M11 墓主人及斗篷内遗物

11. 项链　12. 红柳棍
13. 羽饰　14. 皮囊
15. 木祖　16. 腰衣
17. 手链　18. 麻黄枝
（胸腹部、颈部散置）
19. 动物耳尖　20. 乳白色块状物　22. 黍粒与植物籽
未在图上标出的有：
21. 木梳（臀部下）
23. 筋绳段（颈肩及胸口部散置）

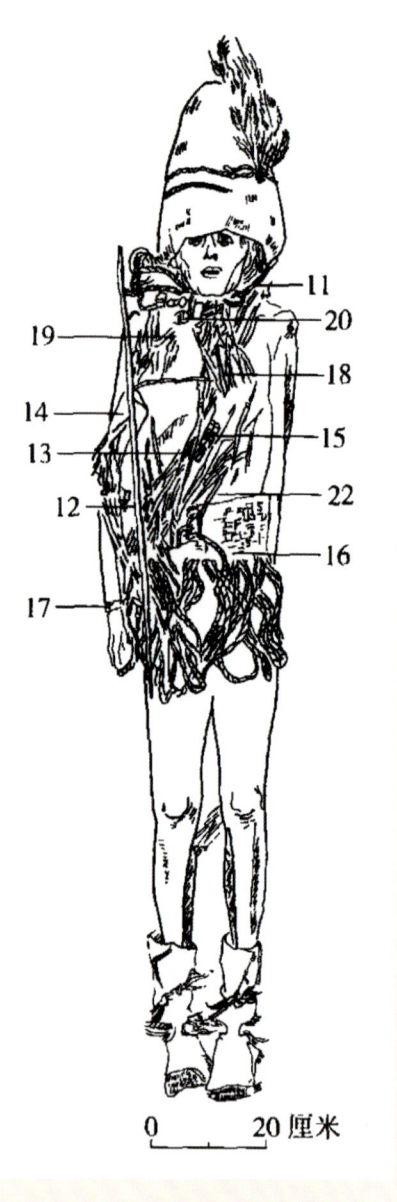

0　　20 厘米

图 7　"小河公主"（M11 墓主人）服饰线图　（引自《新疆罗布泊小河墓地 2003 年发掘简报》）

子上还缀着伶鼬，插着禽类的羽毛；斗篷所用毛料，为白色羊毛纱织成，表面还有通经断纬法织出的花纹；腰衣为白色合股毛线织成；皮靴以皮子和动物筋缝制；项链上有玉珠，随身小包里放满了麻黄枝头，腹部撒着植物的籽粒。从这一件件精心制作的衣物随饰上，我们能看到，尽管身处沙漠，但在小河的滋养下，小河人群种植粮食，也饲养牛羊，甚至能够获得珍贵的玉石矿物。心灵手巧的他们，将自然的馈赠，转化为可资利用的产品。当然，恶劣的环境不可避免影响了他们的健康——沙漠环境可能让食物中的沙砾无法尽除，当地水质偏硬，这些都可能是他们牙齿磨损严重且牙结石沉积较多的原因。而当小河断流，环境进一步恶化时，小河人群或许只能选择远离故土，而把逝者永久地留在沙漠深处。

结语

"小河公主"和那片墓地，只是天山千峰并立的时光之路上一个精彩的节点。在自然奇妙的安排下，在时空廊道上，来来往往的人群，在这东西沟通的必经之路上一次次邂逅相逢，在一个个让他们不舍的地点停下流浪的脚步，选择让眷恋占据自己的心，不管是苦是甜，停留下来，为一条条小河带来的点点希望，苦心经营。是的，总要有人停下来，为自己，也为那些执意前行的人，串成一条五彩斑斓的道路，通往他们心中共同的远方。

（本文图片部分由陈豪摄影，部分引自《新疆罗布泊小河墓地2003年发掘简报》）

延展阅读：

　　［瑞典］贝格曼著，王安洪译：《新疆考古记》，乌鲁木齐：新疆人民出版社，1997年。

　　新疆文物考古研究所：《新疆罗布泊小河墓地2003年发掘简报》，《文物》2007年第10期。

填补陶瓷史的新星

展览名称：过渡·转变——黄岩沙埠窑考古成果展
展览地点：杭州·浙江省博物馆武林馆区
展览时间：2022年12月10日—2023年2月7日

  陶瓷研究的先行者陈万里先生说，一部陶瓷史，半部在浙江。浙江陶瓷产品以青瓷为盛，群星璀璨，又尤以唐宋元明时期相继而起的越窑青瓷、龙泉青瓷最为突出。二窑产品大名鼎鼎，是人类物质文明史的重要角色。但若将视角拉近至北宋中期，却可以发现在越窑青瓷和龙泉青瓷之间，存在着一个耐人寻味的模糊地带。近年来，在浙江省考古工作者的持续努力之下，浙江台州黄岩地区的一片窑群面貌浮出水面，让这一模糊地带逐渐清晰。近期，浙江省博物馆武林馆区的新展"过渡·转变——黄岩沙埠窑考古成果展"，正是对这一瓷史新星的展现。

耐人寻味的空档

  宋仁宗、宋英宗、宋神宗统治时期是北宋的中间时段，这是个"热闹"的时代。国家日渐繁盛也弊端渐显；皇帝励精图治但又似力有不逮；士大夫人才济济、忧国忧民却又互有争论攻伐；文坛鼎盛，经济发达；庆历新政，熙丰变法——这一时代中的情境、事件、人物、辞章，构建出饱满的时代活力，让人无法不神思遐飞、浮想联翩。可是，在如此丰富多彩的时代，陶瓷手工业的面孔却显得有少许苍白。

将宋代名窑列举来看：五大名窑汝官哥定钧，有四个尚未兴起；而唯一存在的定窑瓷器，尽管有东坡"定州花瓷琢红玉"的美誉和仁宗怒摔红瓷的逸事，但不少研究显示，定瓷在北宋中期的面貌远不如北宋早期、北宋晚期和金元时期鲜明；晚唐至宋初时期贡御秘色瓷的越窑核心地带浙东慈溪上林湖地区，此时陷入中衰；而南方青瓷的后期代表龙泉窑还未发育出自己的特色；影响巨大的北方青瓷窑代表耀州窑，情况与定窑近似，北宋中期的情况亦不如其前后时段鲜明。举凡全国，以"名窑林立"著称的两宋，在北宋中期这一时段，似乎只有饶州景德镇欣欣向荣的青白瓷生产情况最为明确。

北宋中期政治经济文化的热闹局面与陶瓷手工业格局的反差，构成了总体与个例、上与下、历史文献与考古材料之间的对话张力。而如将审视历史的镜头不断拉近、反复检视议题的逻辑关系，则不难发现，越窑系生产传统的走向和变化，是探索这一情形的锁钥之一。在前一个发展阶段中，以秘色瓷为代表产品的越窑，是晚唐至北宋早期无可争议的世界第一名窑，其具有跨阶层跨地域的巨大影响，是最具引领潮流性质的重要窑场。越窑上林湖核心生产区在北宋中期的突然衰落，无疑给彼时的陶瓷手工业留下了巨大的真空，也给如今的陶瓷研究者留下无尽的猜想。正是在这一背景之下，沙埠窑的发现与发掘显现出独特的价值。

不只是过渡

早在 1956 年，浙江省的考古工作者就调查了台州黄岩地区的一系列青瓷窑址。当时越窑研究尚处于起步阶段，故这批窑址的年代被初步判为五代至宋。此后浙江考古工作者继续对台州黄岩沙埠窑进行过一些调查和研究。只是，与浙江诸多声名在外的青瓷窑场相比，沙埠窑得到的关注少得可怜，远未能引起充分的重视。而随着浙江青瓷研究的日益深入，手工业发展过程中过渡与衔接的议题价值也日益凸显。在这一背景下，自 2018 年起，浙江考古工作者持续对沙埠窑展开主动性考古调查和发掘工作，在全面整理出土遗物的基础上，揭露了沙埠窑的生产面貌。经过仔细的比对和论证，将当前沙埠窑出土遗存的年代范围划定为北宋中晚期至南宋早期，并进行了精细化分期。其中，北宋中期正是沙埠窑生产的鼎盛时期。而沙埠窑所展现的生产面貌，介乎越窑与龙泉窑之间，为勾连宋元时期浙江青瓷生产传统的发展、传承与变革搭建了桥梁。

当我们在谈论窑口之间的互相影响时，我们在谈论什么？换句话说，当我们谈论沙埠窑与越窑、与龙泉窑的互动关系时，我们在谈论什么？通常包括两个方面，一是瓷器的表象，二是瓷器的"本相"。何为表象呢？自然是观赏把玩一件瓷器时，直接扑入你眼帘中的那些要素，比如釉色，比如纹饰。尽管宋元时期有众多名窑青瓷，都隐藏着越窑秘色的影子，但远近亲疏的关系，仍能从青釉的淡妆浓抹中窥出端倪。北宋中期的沙埠窑产品（图1），釉层较薄，色泽清澈，间或偏黄偏绿，与越窑北宋早中期的产品极为相近；细观其

图1　沙埠窑出土青釉罐　　　　　　　　　　图2　细线划花双凤纹青釉碗（残）

中一些精品刻绘纹饰所用的技法，如细线划花（图2）、刻划花等，更是与越窑核心区产品如出一辙。表象能否逼近原作，是仿制成功与否的关键，也是文化因素传承的核心要素之一。那么什么是"本相"呢？则是一些不被轻易察觉的生产特色，比如装烧，比如窑炉。从功利的角度来讲，模仿是从无到有的捷径，但同时，模仿也并不意味着全流程复制，窑工必然要考虑到新生产地的实际资源条件和与之相关的生产成本。只要能烧出大体相像的瓷器，瓷器的购买者是不会计较产品是用什么样的支垫具和匣钵来装烧瓷器，或是用哪种类型的窑炉来烧制瓷器的。换句话说，只要饭菜像模像样，锅和灶长什么样并不是食客关心的问题。但反过来讲，想要知道窑口之间有多"亲近"，便有必要考察其隐藏在底部或口部的装烧痕迹，以及其背后的窑炉和装烧器具。考古成果显示沙埠窑所用的匣钵大多与越窑所用相近，窑炉的龙窑形态则一脉相承（图3），在生产技术上也

图3 凤凰山窑址

显现出与越窑的亲密关系。产品面貌接近,生产技术相关,可见北宋中期浙东越窑之衰与浙南沙埠窑之盛是互相关联的事件,这些现象综合起来,暗示着青瓷手工业集群的大规模转移。

如果沙埠窑的兴盛,仅仅意味着越窑生产的回光返照,这或许还不足以令研究者为之心折。从北宋中期晚段开始,沙埠青瓷上出现了龙泉窑风格的双面刻划花工艺(图4、图5),这便将沙埠窑和浙江瓷史中的另一巨擘龙泉窑紧紧联系在了一起。在诸多瓷器展览与图录中,策划者们偏好选取南宋中晚期至元代龙泉窑厚釉少纹的青瓷作

图 4　双面刻划花碗侧视图　　　　图 5　双面刻划花碗俯视图

图 6　底部粘连垫圈的沙埠窑瓷器

为其代表性产品予以展示，而这也在人们心中树立起龙泉青瓷的典范形象。但那只是龙泉窑青瓷的一面，是它接受了南宋官窑影响而出现的一面。在接受强势的官方陶瓷文化之前，龙泉窑本身发展出非常复杂的面貌体系。最新的考古成果表明，北宋晚期正是龙泉窑形成自身风格的关键时期，其翠青釉产品流行刻划纹饰。沙埠窑所见的双面刻划花工艺，正是北宋晚期龙泉窑翠青釉产品中最流行的装饰工艺之一。两窑产品唯一的区别，或许仅在于沙埠窑装烧多使用垫圈（图6），而龙泉窑多用垫饼。是沙埠窑影响了更南方的龙泉窑，还是后起之秀龙泉窑反过来影响了沙埠窑，或有赖于更精细的分期研究；但沙埠窑生产的时间坐标，却让浙江青瓷的发展线索更加完整。

上承越窑，下似龙泉，沙埠窑是否只是别人的影子，而不曾拥有过"自我"？或许并非如此，迥异于浙江传统的漏斗形匣钵（图7）、青瓷窑场罕见的酱釉产品（图8）、耀州窑风格的刻划纹饰（图9），都暗示着沙埠窑工匠的广采博纳、锐意进取。而立足于台州这片水土，沙埠窑工匠融会贯通，在一定程度上创造出其独有的风采。在北宋中期末段，沙埠窑出土了一批具有独特装饰风格的器物，婴戏、鹦鹉、双凤、游龙，行云流水般浮于瓷面，极为精彩，昭示着它勃发的生机。

图7　沙埠窑出土漏斗形匣钵盖　　　　图8　沙埠窑出土酱釉斗笠碗

图9　耀州窑、沙埠窑产品刻划花纹饰对比

结语：如何展现一个窑址

　　沙埠窑是一颗新星，尽管星光方绽，但其位于陶瓷发展网络的关键位置上，生气盎然。以沙埠窑为中心的这场展览，也并非盛大，但其展览形式却精巧别致。展览空间被布置为三块长条空间，令人意外的是，它并非从某一侧起头，设计"Z"形的展线，而是将第一部分放在了中部空间，以其条状空间，暗喻南方特有的龙窑形态，并在一侧展板设置了矩形渐缩的空间，隐喻窑门。如此一来，整个展厅三块平行的条状空间，都被纳入了窑址空间的隐喻之中。多年南方地区的陶瓷考古研究表明，龙窑开窑门的一侧，是装窑和出窑的重要空间，也正因如此，窑业废弃物也多被遗弃在龙窑的一侧或两侧。以正中通道隐喻窑炉，则两侧展示出土遗物的展柜，自然而然变成了出窑的产品。这番布置，让人不知不觉间，随着展线，回归于窑址的生产空间，也回归于陶瓷窑址考古的研究过程，不得不令人感慨于策展者的匠心。展览虽不大，但展览单元的设置逻辑、展览文字说明的疏密度、展线叙事节奏的把握、图像文献与文物资料的互相印证，都恰如其分，让沙埠窑的价值层次徐徐展现。

　　从浙东上林湖畔的越窑，到滨海的台州沙埠，再到丽水龙泉的深山茂林，浙江青瓷在地理空间中走出了半月形的足迹。生产网络的互动与传播绝非单向，但此起彼伏兴衰变化勾勒出的接力式发展曲线，却让我们透过窑火连天、冰清玉洁，看到宋韵青瓷的生命力。

（本文图片均由作者摄自展览现场）

二 史料罅隙

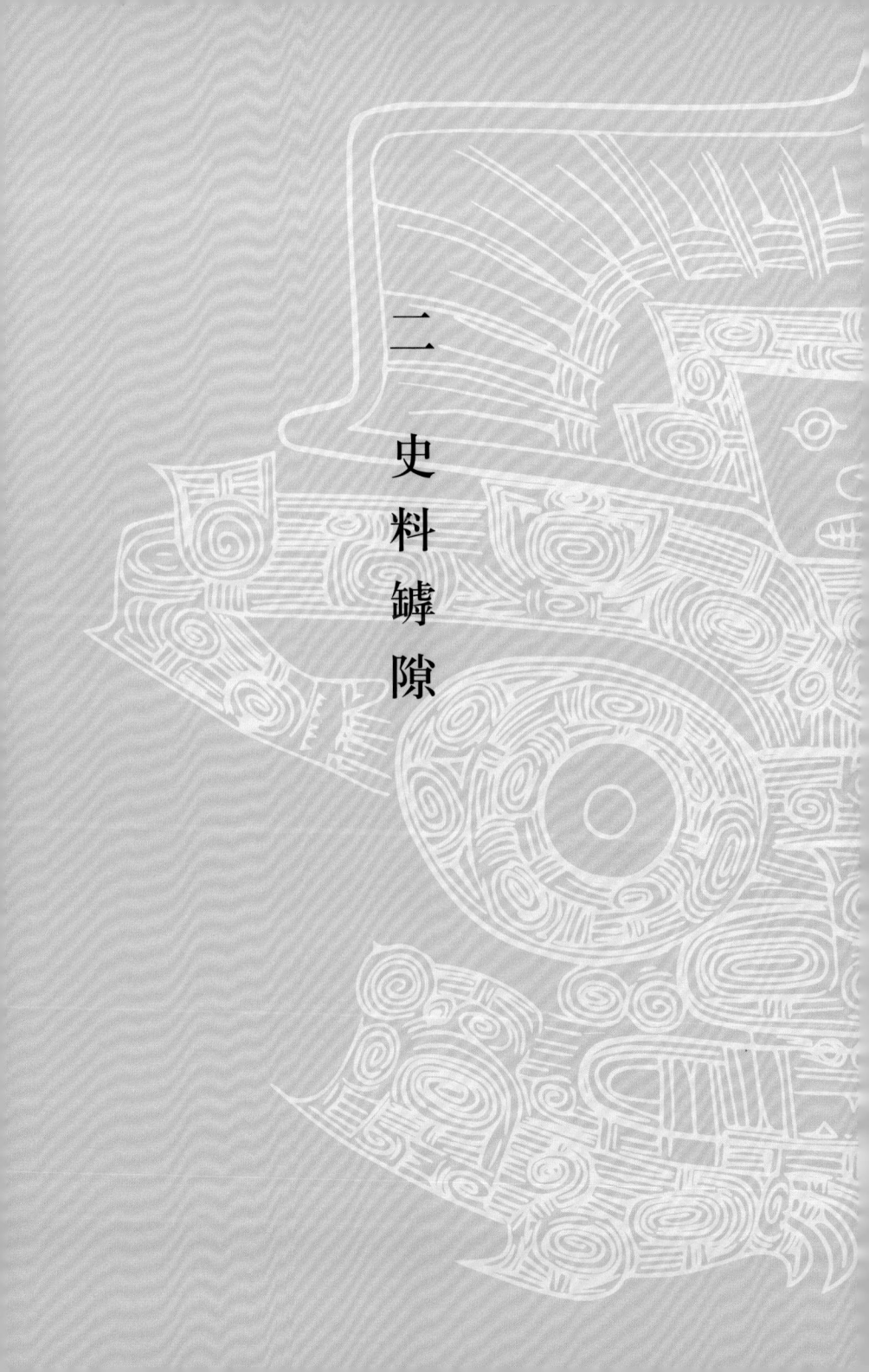

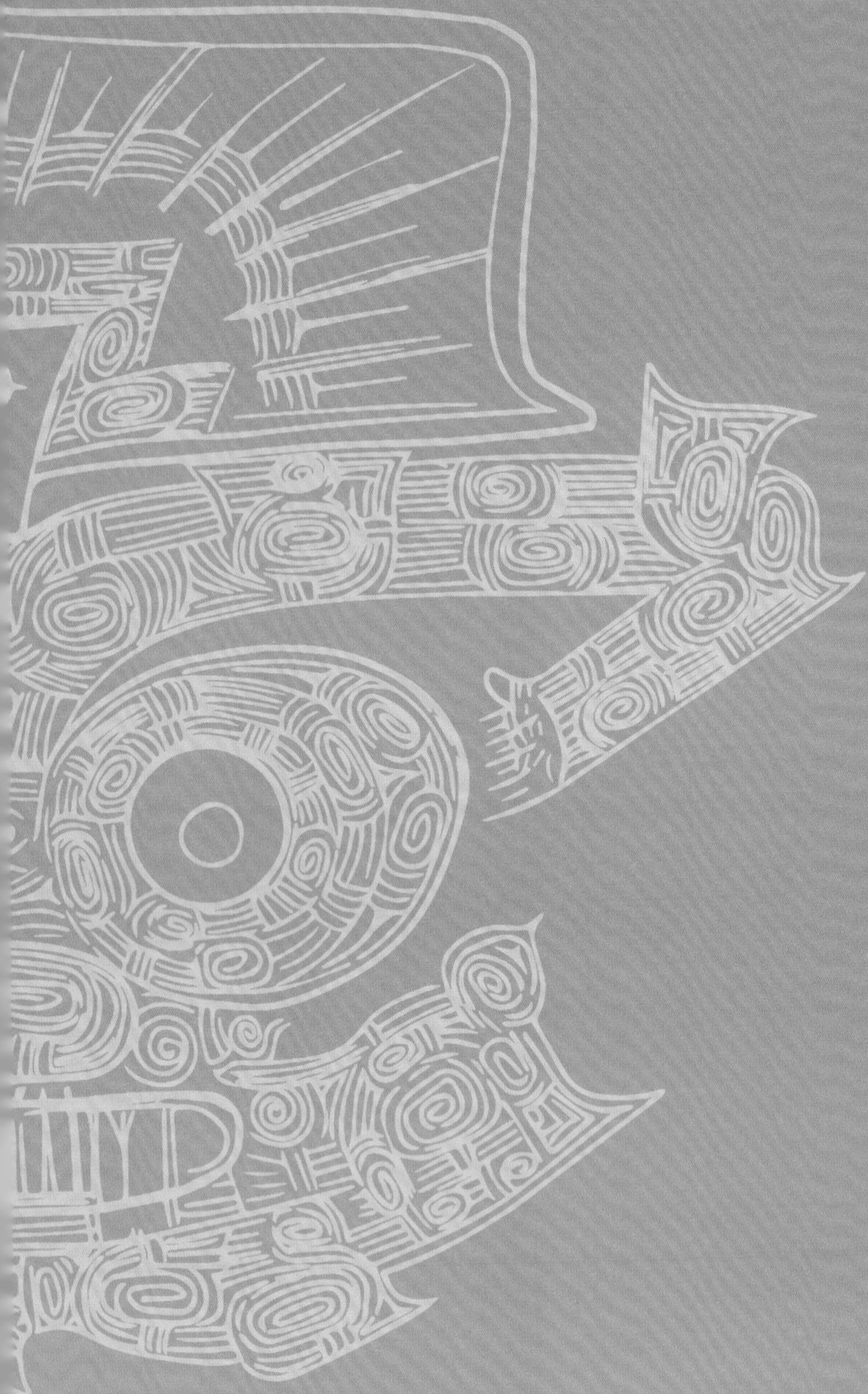

物中三国

展览名称：三国志文化主题特展
展览地点：北京·中华世纪坛
展览时间：2020年5月6日—2020年6月18日

作为经典文学的《三国演义》家喻户晓。但，尽管早已看惯三国故事里人与人的精彩互动，却未必能对那段风起云涌的历史展开的环境、舞台以及"服化道"有所体味。"人靠衣衫马靠鞍"，若是历史剧中的三国英雄赤身裸体、赤手空拳，旷世气概大约无从说起。幸好文献短板给历史人物带来的"困窘"，还有"上穷碧落下黄泉，动手动脚找东西"的考古工作者给予弥补。近百年零零碎碎的文物积累，群雄逐鹿中原的金戈铁马已经依稀可见。走进中华世纪坛，徜徉于一度风靡东洋的"三国志文化主题特展"（图1），透过那一组组历经时光洗礼的遗存，或能让我们隐约看到想象中熟悉而又陌生的澎湃时代。

图1 "三国志文化主题特展"海报

天下何以三分

假如中国自古以来便有网络传媒，那三国故事应当是常常能冲击热门榜单的话题。而从长时段的历史来看，《三国演义》的出现当然是引爆三国话题热度的关键节点。"三国志"展显然深谙于此——其以明清时期对三国故事的记忆、书写和演绎为序厅的主要内容。出土、收藏于全国各地的三国故事图像、雕塑（图2），构成了当今人们想象三国的第一重门户，让观众首先步入了群体记忆源头的追溯，从而形成了记忆表层—明清历史的文艺衍生品（记忆溯源）—三国

图2　木雕赵子龙大战长坂坡　清　安徽省亳州市博物馆藏

图4　车马过桥画像砖　东汉　四川省成都市跳蹬河出土

历史文物（历史底本）这样的递进层次，展览场域的张力便在层次间的差异中舒展。对三国故事沉迷愈深，便愈能感触到这重张力所带来的强劲、曲折而丰沛的知识冲击与文化体验。

　　林俊杰唱："东汉末年分三国，烽火连天不休。"三国的故事总是要从东汉说起。两汉，作为长达400年的统一王朝，对于中国族群认同感、文化凝聚力的形成，显然意义非凡。"认同感""凝聚力"这样的字眼，读起来似乎显得空洞，但在展览中却落脚于时人生活的点滴。甘肃出土的青铜车马（图3），是汉代普遍的样式，在四川的画像砖（图4）、陕西的出土物（图5）中，亦能见到同款。头小颈长、细长腿大屁股，正是西来天马的特征，印证着汉武帝打通丝绸之

图3 青铜车马 东汉
甘肃省武威市雷台墓出土

图5　鎏金铜马　西汉
陕西省汉武帝茂陵东侧出土

图6 鎏金彩绘铜长方案及鎏金彩绘铜耳环　东汉　河北省涿州市上念头古墓出土

图7

制盐画像砖　东汉

四川省邛崃市花牌坊出土

路的巨大影响。材质各异、形式却大同小异的各地耳杯(图6)，图像、实物互见的楼阁，还有普遍流行的画像砖石(图7)，均见证着大一统王朝的影响与魅力。而大一统的前世，正是后来三国均不甘于现状的原因——前人已经树立了榜样，谁心中又能没有统一江山的理想呢？

《三国演义》和相关经典电视剧，给人们留下的东汉末年印象，是铁蹄铮铮、连天烽火。细究字里行间祸结兵连的原因，则是宦官专权、农民起义、军阀争霸等"人祸"。这些"人祸"可能让局中人或浑然不觉或痛并快乐，却早已被后来的旁观者反复总结。与之相反的是，"天灾"可能让局内人有切肤之痛，冲击力更大，其影响却并非常为后世的故事讲述者所体味。至于自然环境长时段的周期性变化，便更难令人洞悉。所幸，"人祸"的教训见于史，"天灾"的痕迹存于物。通过对零碎史料的梳理和环境考古研究，学者们已经观察到，从东汉之初直至6世纪，我国天气趋于寒冷，三国时期的平均气温已低于汉武帝时期。展览的引导词便试图提示这一少为公众所知的观察角度。东汉"小冰期"所导致的环境趋于寒冷，会使得东汉统治者承受更多的统治压力，这些压力既有粮食减产歉收带来的内忧，更有游牧民族不堪寒冷频频南下的外患。而当内部制度也积重难返，无法应对，盛极而衰的颓势便无法挽回。于是各地群雄以忠义之名，"毛遂自荐"为朝廷分忧，起兵混战。展柜中的刀戈弩箭（图8）透射着一时间的风起云涌。而纷争的结果，便是北曹魏、南蜀吴的三国鼎立。

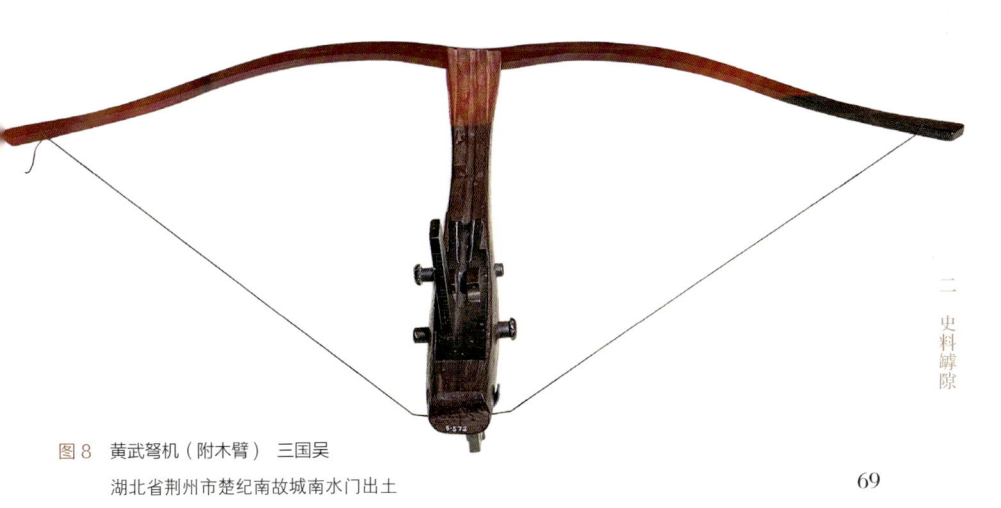

图8　黄武弩机（附木臂）　三国吴
湖北省荆州市楚纪南故城南水门出土

二　史料罅隙

北曹魏

小说《三国演义》以蜀汉为正统本位，曹魏是"霸屏"时间最久的大反派。但从客观来讲，曹魏在形式上得东汉禅位，在地盘上居政治经济核心要地且面积最大，在后续发展中为统一天下的西晋所继承，倒是最具正统的派头和气势。它显然是三国中实力最强的政权。曹魏政权的成功，当然与创始人曹操密切相关。作为经久不衰的网红人物，曹操在 2009 年成功把舆论热点引向了发现其陵墓的考古文物界，让当时长期以来远离公众视线的考古工作者在镁光灯下不知所措。这般情境，若是阿瞒地下有知，也会暗搓搓地得意发笑。而引发巨大争议的曹操墓，此次也被引入展览。策展者在设计曹操墓相关的文物时，特意模拟了部分墓室空间营造展厅，以使观众得以切身感受此墓室的体量。而如此设计，则向观众暗示了考古专家论证曹操墓为真的一个基础理由，即墓葬规模。真实的曹操墓总占地面积约 700 平方米，与以往发现的曹休墓相比，形制类似，且规模更胜一等。仅以此一点来看，能比曹操养子曹休地位更高的人群范围，实际已经非常小。而"魏武王常所用挌虎大戟"(图9)、墓主人六十来岁的年龄、曹操墓本身的地理位置，更将墓主人的身份定焦在曹操身上。10 年前的争论让作为关键证据的几件文物人尽皆知，而墓葬中实际还出有一些精巧的小配饰(图10)，此次也列入展览。

墓葬的发现，能让我们聚焦于社会精英的个体，进而管窥时人的风尚。而城市考古，则更能透露出社会与组织面貌。曹魏邺城之

图 9 "魏武王常所用挌虎大戟"石牌
东汉—三国魏
河南省安阳市西高穴曹操高陵出土

图 10 玛瑙饼（右上）、玉觿（左上）、
鱼籽石镶饰片（下）
东汉—三国魏
河南省安阳市西高穴曹操高陵出土

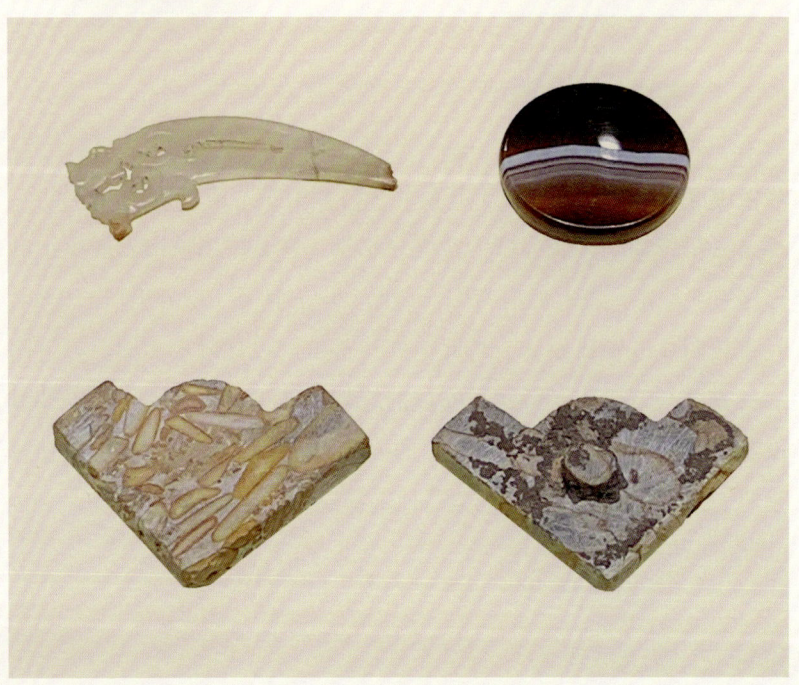

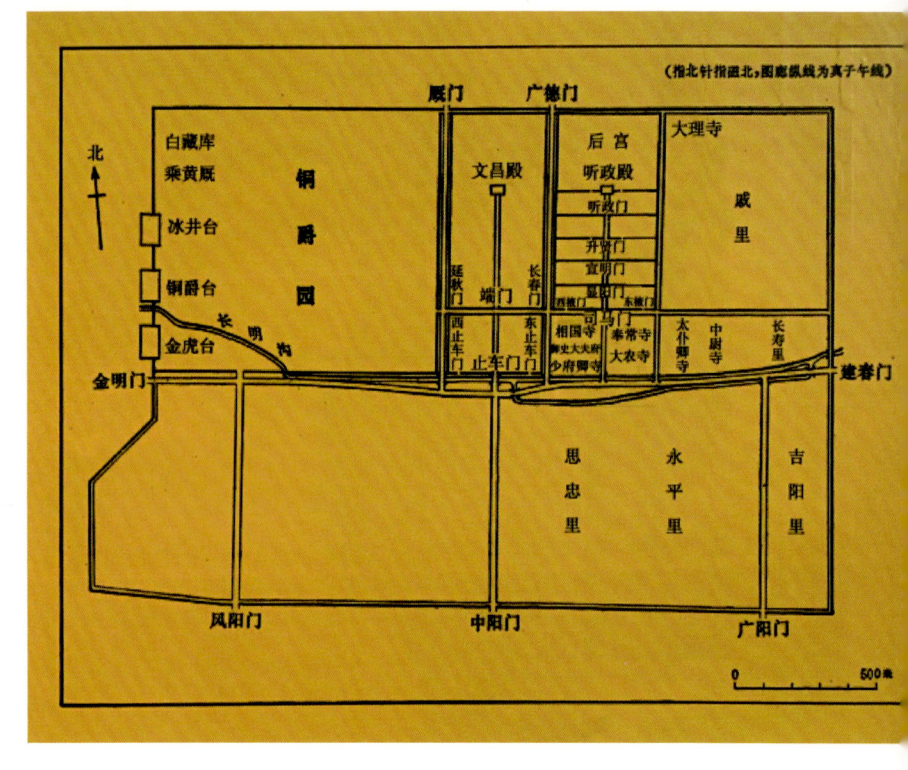

图 11　曹魏邺北城平面复原示意图

名似不够响亮，但说起位于其西北部打算用于"锁二乔"的铜雀台，却是人尽皆知。曹魏邺城为曹操之王都，它是中国城市发展史中的一座重要城市。邺北城有宫殿、苑囿、中央官署，南分里坊（图11），且有较明显的轴线设计，与此前汉代都城的设计颇不相同。如将隋唐长安城与之对比，可知长安城的规划亦从中所获良多。仅以邺城及其对后世的影响而窥曹魏政权的方方面面，所谓"奸雄"，其功过是非，或本不该由文学家的立场而轻易论定。

南 蜀 吴

《三国志》的作者陈寿虽然出身蜀汉，但其在书中借不止一人之口称呼刘备为"枭雄"。这听起来不像个好词儿，包含有凶狠狡诈之意。好哭鼻子的刘玄德怎么能是这么一号人物呢？细细琢磨刘备的言行，可能还真有点儿狡猾的意思。单从宣传策略来说，在东汉讲究门第的社会环境下，起家之时"拼爹"十分重要。曹操的爹曹嵩背靠养父大宦官，官至太尉，孙权的爹孙坚是地方军阀，而刘备呢？本来是个不入流的卖鞋小商贩，但，奈何人家姓刘，硬给自己扒拉出来一个特别能生的祖宗中山靖王刘胜来攀附，所建政权还号称继承了汉室大统，这宣传工作体现出的深沉权谋，着实令人佩服。而刘备这一拨"骚操作"，直接惠及"三国志"展览。本来三国相比，蜀汉政权方面既无曹魏帝王级大墓的发现，也缺少朱然墓漆器、走马楼吴简等罕见遗存，但偏偏刘备认的老祖宗中山靖王刘胜的墓葬是举世罕见的重要墓葬，随手祭出几件铜器（图12），其重要程度足以与魏、吴两家平起平坐。

当然，刘备的能耐不只在于认祖归宗，还在于他发掘了"宝藏男孩"诸葛亮。广为人知的诸葛亮伐魏，是个相当悲伤的失败故事，但他对蜀汉少数民族地区的开发非常成功。而这也正是此次展览选取的蜀汉亮点。此次展出的铜孟腾子母印出土于云南，孟腾，可能正是被诸葛亮"七擒七纵"的孟获的族人（图13）。云南地区众多汉式遗物的发现，证明了汉晋时期西南地区与中原文化的密切交流。

刘备虽然存在感最强，但若细观三国地图便可知蜀汉政权实际

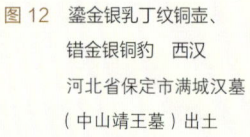

图 12　鎏金银乳丁纹铜壶、
　　　错金银铜豹　西汉
　　　河北省保定市满城汉墓
　　　（中山靖王墓）出土

图 13　铜孟腾子母印　东汉
　　　云南省昭通市二坪寨梁堆墓出土

最弱。与之相比，同处南方的孙权显得低调务实，闷声发大财，一心搞经济。其最为人津津乐道的举措，便是派人出海与夷洲（台湾）、珠崖（海南）、扶南（柬埔寨）、林邑（越南）建立联系，堪称中国海洋资源开发与航海事业的标志性人物。与孙吴政权相关的重要文物发现着实不少，此次展览重点展示的几组均与经济活动有或多或少的联系。

  首先是越窑青瓷。东汉晚期，以越窑为代表的南方青瓷烧制成功，代表了中国成熟瓷器的出现，是中国陶瓷技术的一大飞跃。孙吴治下，正是越窑青瓷生产的快速发展时期，从展览中所见的诸多精品，可知其已初具"素肌玉骨"之象，釉面均匀光亮，色泽温润。用于丧葬的青瓷魂瓶（图14），上部装饰内容异常丰富，更反映了当时南方地区的生活情境。

图 14 青瓷堆塑人物楼阙魂瓶
    三国吴
    江苏省南京市上坊凤凰元年墓出土

其次是朱然墓出土漆器。朱然应当是蜀汉粉丝比较讨厌的人物之一，因为他曾与潘璋一起擒杀关羽，又随陆逊击溃刘备，为孙吴名将。但朱然墓却是极其重要的考古发现。其位于安徽省马鞍山市雨山区，墓中出土了大量漆木器。漆木器是汉晋时期极具代表性的手工业产品，其在经济史、文化史、工艺美术史等方面意义非凡。但作为有机质文物，若非南方多水的特殊埋藏条件，漆木器在将近2000年的氧化作用下几乎不可能被保存下来。因此，朱然墓出土的这批漆木器极为难得。而展览中选用的这件童子对棍图漆盘又尤为特殊（图15）。其底部有"蜀郡作牢"四字，表明其产地并非孙吴辖地，而是蜀汉。在战场上，蜀吴针锋相对，在商场上，两地互通有无。如此文物见于朱然墓中，尤显耐人寻味。

在展厅中，孙吴还有一组遗物，虽展示性不强，却极其重要。那就是走马楼吴简。1996年，考古工作者在长沙市走马楼西街发现一批孙吴的纪年简牍，数量达10万枚以上。仅是从观赏的角度出发，简牍中包含各类书体，而魏晋时期又是中国书体书风演进的重要阶段，大家辈出，则这批材料的书法史意义不言而喻（图16）。而更重要的是，《三国志》虽名为"志"，但实际只有描写人物事迹的"纪""传"，缺少正史中用于记录典章制度的"志"。因此，通过《三国志》我们虽然能够了解当时的一些史事，但无法深入研究其背后的社会制度、组织结构。与地处中原、位居正统的曹魏相比，吴制的材料就更少。而走马楼吴简的出土，正弥补了这一缺憾。其内容中包含的大量经济、基层行政事务的记述，甚至能够启迪学者开辟新的研究方向。吴国的另一重世界，就此展开。

图15 童子对棍图漆盘 三国吴
安徽省马鞍山市朱然墓出土

图16 走马楼简牍 三国吴 湖南省长沙市走马楼西街出土

结语

展览的最后,以关二爷压阵(图17),似有多层次的意趣。

他仿佛是在呼应:这尊关羽铜像为明代铸造,与《三国演义》同代,造像与文章对照,显现出明人对三国时代的想象,又与展览开头的回忆溯源呼应。

他仿佛隐喻着三国的记忆结局:三国之中,他不过是一名失败的将领,但时至今日,他却成了最流行的神祇,这中间的曲折,这最后的结果,是合理还是荒诞?

他仿佛是在镇展:既是难得的镇展之宝,也是百邪莫入的武圣。

但若祛魅而观,他又有些像一位刚刚看完展坐在凳上歇脚的大叔,紧锁的眉头,落寞的神情,是不是想起了当年的气吞万里如虎呢?

(本文图片均由作者摄自展览现场)

图17 关公铜坐像 明
　　　河南省新乡市博物馆藏

相由心生

展览名称：相由心生 —— 山东博兴佛造像展
展览地点：北京·中国国家博物馆
展览时间：2020 年 10 月 28 日—2021 年 2 月 21 日

明帝夜梦，白马驮经，佛教西来，不绝如缕。由今而观，数百年间，佛教在其西来东渐的路上留下了大量遗存。由西而东，先后在古龟兹、凉州、云冈等地出现了风格不同的佛教造像群。20 世纪后半叶，山东青州及其附近地区多次成批出现北朝造像。这些造像不仅雕绘精美，且与众不同，被归纳为"青州风格"，震动学界。以质地论，青州龙兴寺遗址以石质造像为胜，博兴龙华寺遗址则以鎏金铜造像名闻遐迩。近日，中国国家博物馆举办的"相由心生 —— 山东博兴佛造像展"荟萃博兴造像精华，所展现的正是彼时东方佛像的别样风采（图 1）。

图 1 "相由心生"展览前言展板

博兴龙华寺

　　山东博兴张官村一带的庄稼地，乍一看平平无奇。春荣冬枯，早年间村民们翻腾土地，不时能见到铜、石、陶残片，依稀辨认出佛像样貌，却并未引起广泛的关注。1976年，三尊巨大的石质佛造像出土。此后，张官村一带佛像频出，数批佛像计有数百，因此引来了学界的广泛重视。而查阅典籍，1926年出土于此地的隋代龙华寺碑重新进入人们的视野（图2），揭开了佛像频出的答案：千年历史风尘湮没之处，曾有一座辉煌的寺院。

图2
隋龙华寺碑碑首拓片
下载自"中国金石总录"数据库
（www.ch5000.com.cn）

龙华寺碑碑首有"奉为高祖文皇帝敬造龙华碑",似是将龙华寺与皇家联系在一起。实际上,从龙华寺大量出土造像上铭刻的造像者身份可知,这处寺院虽奉隋文帝之名而造,但更可能是一处与平民联系紧密的寺院。隋文帝在位期间,曾获舍利一包,广发于全国,由此掀起了全国建塔修寺的高潮,龙华寺或正于此背景下兴建。《弥勒大成佛经》《弥勒下生经》曾提及,弥勒下生人间,于龙华菩提树下成佛,并前后三次在龙华树下举行说法盛会,普度众生。寺名"龙华",所揭示的或许正是当时博兴地区弥勒信仰的流行。

从内容来看,龙华寺碑为功德碑,而非记事碑,因此,溢美辞藻之内,龙华寺的前尘往事仍是犹抱琵琶。不过碑文和出土造像提供的线索,已经给足了考古工作者一探究竟的理由。2003年,多家单位联合对造像出土地点进行了勘探和试掘,确认此处为规模达120万平方米的大型寺院遗址。而从出土遗存情况来看,龙华寺遗址应当包括北朝、隋代、明清时期三个阶段的寺院,其年代最早或可至北魏时期。隋代龙华寺应当便是在北朝旧寺基础之上修建,考古发现恰与碑文中所说"□华塔者,地则古龙华道场之墟,其内先有古基,未及功就"的情况相合。

像由何生?

佛教造像是此次展览的重头戏。佛学中所讲究"相由心生",意在洞察个体与客观世界的关系。而一尊实体佛像的制作,终究逃不开物质现实的种种"羁绊"。4—6世纪,中国北方的佛教造像已形成凉州、云冈、龙门等诸多模式,然而青州造像与众皆不相同,独树一帜，蔚然而成地方风气，其背后实有深刻的历史背景。从地理位置来看，青州地区似属北方。但在公元469年之前，山东青齐之地实为南朝刘宋所占。由此而观，青州于南北朝为南北文化交流的重要地带。青齐地区佛像的文化色彩斑驳复杂，兼具南北风采。

5世纪时，博兴地区个体鎏金铜像的大量流行，显然区别于云冈、龙门等地依山开凿石窟及巨型石造像的模式，而与南朝同风。如细观展中北魏太和二年（478）王上造多宝佛像（图3），可见二佛身后为舟形背光，着通肩大衣，衣纹下垂呈U形，并有禅定印，这些特征可在南北造像中找到相类因素，佛的面相身躯尤与河北地区相似，可见此地入魏之后，当是受到了北方雕刻工艺重地河北地区的影响。

至6世纪时，南朝画家陆探微等人"秀骨清像"的画风流行一时，亦为北方所接受，使得博兴造像的面相、身材等为之一变。特别是所着服饰转变为褒衣博带，令佛像更显俊逸。如普泰二年（532）孔雀造弥勒像，面相清癯，长颈垂目，与5世纪佛像的敦厚形象已有不同（图4）。与此同时，北方地区对青齐地区工艺转变亦有促进。宿白先生指出，北魏晚期，"河北数州国之基本，饥荒多年，户口流散"，孝昌年间，"葛荣寇乱，河北流民多凑青部"，河北流民大量涌入青州，其数不下10万户。流民中当不乏石刻工匠，促使石雕造像于青齐一带急剧兴盛（图5），而其造像风格亦与定州曲阳等地相近。这一时期，除博兴龙华寺所见石雕佛像增多，青州龙兴寺石刻造像大量出现更为明证。

展中独立展出一件北齐卢舍那佛立像，姿态优雅，衣薄贴体（图6），相较褒衣博带式的潇洒，风格又为之一变。6世纪中期，青齐地区所见的这类佛像不着衣纹，似是对印度佛教艺术的源头追溯，但据宿白先生所析，其更是南北合力的结果：一来，南梁武帝重佛，直接

图 3　王上造多宝佛像（局部）

图 4　孔雀造弥勒像

图 5　菩萨头像

图 6　卢舍那佛立像

沿海路奉请天竺佛像入华，或将薄衣佛像引入；二来北齐反对北魏的汉化政策，对南来的褒衣博带颇为反感，对佛像天竺化极为积极；而最具意趣的是，薄衣佛像，极可能是粟特曹国画工曹仲达画风的体现。"曹衣出水，吴带当风"，后世将曹仲达与画圣吴道子并列，足见对其画艺的肯定。观薄衣佛像，而遐想"其体稠叠而衣服紧窄"的曹氏用笔，或方能对"曹衣出水"之论有所体味。

时代动荡,南北争锋,不同方向的文化浪潮层层相叠,似有针锋相对,却又不约而同,让博兴造像高潮迭起,异彩纷呈。

佛像背后

博兴佛像的精彩,不仅在于佛像凝聚的南北交融,亦在其背面的造像记。造像记一般包含造像时间、造像者身份、造像者姓名、为何人所造、造像题材、祈愿内容等基本要素。一眼望去,造像记似乎千篇一律,但其似与不似之间,却如草蛇灰线般,留下了揭开北朝青齐地方社会面貌的线索。

传统史料往往由各时代的文化精英写就。文化精英目光向上,关注帝王将相,鲜少为匹夫走卒浪费笔墨,年代愈早,愈是如此。正因如此,汪洋大海般的广大平民,他们的声音,在史料中极其微弱。但是,当我们步入展厅,逐一阅读说明牌上一篇篇简短的造像记,那些被遗忘人群的愿望,以极其亲切的姿态,恍然重生。冯贰郎造观世音像(图7)背刻铭文:"大魏太昌元年十一月十四日,清信士阳信县冯贰郎为父母造观音像一躯,并及居家眷属,现世安稳,尤诸患苦,常与佛会,愿同斯福。"情感真挚,愿望诚恳,与今人所思别无二致。

如观览众记,则又可在个体情感的共鸣之外,体察佛教在博兴民众中的流传。据侯旭东先生研究,从造像者的身份来看,官吏、僧尼偏爱释迦、弥勒,而平民则更重视观世音,当然可能受制于文化水平,很多时候,平民的造像记中仅称其为"像"或"石像",并无具体指代。民众对佛教信仰所识不深,却要求颇高:弥勒信仰中龙华三会情节的流行,表明信众期待倚仗外力寻求解脱,而以造像

方式追福，则体现出信众不愿修行而又渴望速成的心理。实际上，因佛经中对造像兴福多有提倡，而僧团上层亦有借此传教的需求，对信众的造像活动亦有推波助澜，而又因各类佛经抵牾之处甚多，且僧众自身有时也难守戒律，故而时人对于信众持戒一节，往往网开一面。这一情况，使得造像成为一般信众表达虔诚的重要方式。如细览造像记中的日期亦可获得有趣的发现：造像者选定的造像日期越到后来越集中在二月八日、四月八日和七月十五日三天，因为这三天分别是释迦成道、释迦诞生和盂兰盆节，这在某种程度上，反映了佛教教义传播的深入。

雪泥鸿爪，不一而足。简短而零碎的文字，打通了观察历史的另一个视角，让历史的温度和脉搏，触手可及。

图 7　冯贰郎造观世音像

结语

南北朝是佛教"落地"中国的重要时期。海外著名汉学家芮沃寿（Arthur F. Wright）在其名著《中国历史中的佛教》中，将这一时期称为"驯化期"（The period of domestication）。"驯化"一词颇为暧昧——是谁"驯化"了谁？是小王子驯化了小狐狸那般温情，还是武则天驯化骏马般蛮横？引人遐思的概括，正体现了南北朝乱世佛教在东土传播的复杂过程。博兴虽仅一隅之地，但其缕缕佛光（图8），却光彩异样，照亮了我们由下而上体察时代的通途，照亮了被史料暗影遮蔽的黔首黎庶。

（本文图片均由作者摄自展览现场）

图8　北齐螺髻梵王立像

延展阅读：

宿白：《魏晋南北朝唐宋考古文稿辑丛》，北京：文物出版社，2011年。

侯旭东：《佛陀相佑：造像记所见北朝民众信仰》，北京：社会科学文献出版社，2018年。

越过"半唐主义"

展览名称：大唐风华
展览地点：北京·中国国家博物馆
展览时间：2018 年 9 月 3 日—2019 年 1 月 3 日

　　爬梳集体回忆时，总会为那些辉煌的曾经吸引。大唐之于我们，或许便是这种令人流连忘返的断面。大唐的强盛、多元和开放，让国人乐意在海外自豪地自称为"唐人"。选择这样的自称，是因为我们从李杜诗篇、韩柳文章中，获得了瑰丽的想象。文字中透露出来的不凡气度，依赖于时代本身的不凡气象。这不凡气象的养成，原本承载于大唐万物。千年前长安街头的大唐胜景，已难再得，但若将近百年来发现的大唐文物拼接起来，却能以斑驳之躯，搭建起管窥全豹的孔道，让人梦回唐朝。2018 年 9 月，120 件来自陕西的"唐物"精华进京，在中国国家博物馆铺陈"大唐风华"（图1），打开了琳琅满目的时空隧道，引人再次浸入那个灿烂的时代。

　　展览以一幅《乐舞图》（图2）开场。画面中央芭蕉树下一男一女翩翩起舞，舞者两旁是各执乐器的两组乐队。从形象来看，画中男子似多为胡人。乍看此图，或许只觉粗疏。但细想其中物象，便可知以此图开场颇具匠心。从乐队形式、舞蹈姿态可知，画中乐舞是唐墓壁画中常见的胡乐胡舞，来自西北，而画中芭蕉，则是唐代常用的南方

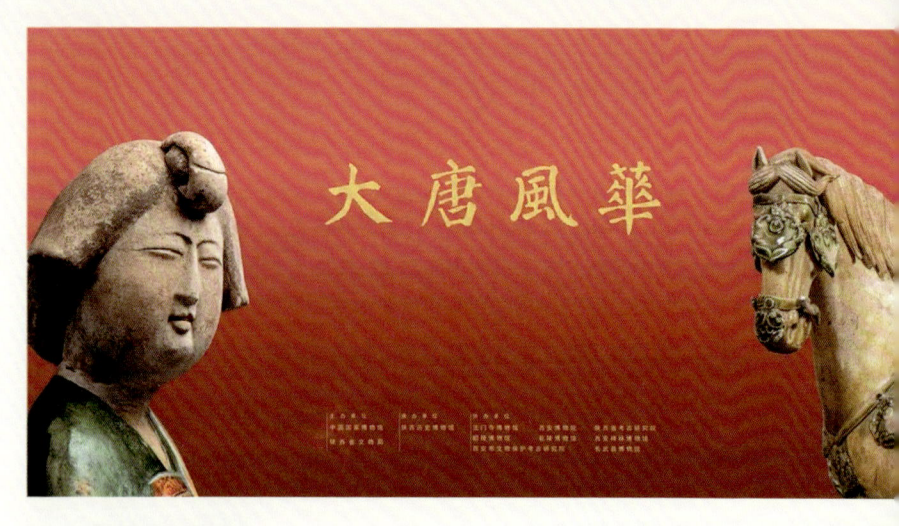

图 1 "大唐风华"展览海报

图 2 《乐舞图》壁画 唐韩休墓出土

意象。这幅出土于大唐首都长安一带的壁画，融汇了唐帝国的南北文化，这本身便暗喻着帝国疆域的纵横贯通。出土这幅壁画的墓葬墓主人卒于开元二十八年（740），正值大唐的鼎盛年代。画中的歌舞升平，画面的色彩艳丽，恰可与这繁荣的年代贴合。而墓主人韩休的身份亦包含了多重意义。他既曾是玄宗时代的宰相，亦是唐代著名宰相画家韩滉的父亲。韩滉绘制的《五牛图》至今仍被推崇为中国十大传世名画之一。韩休、韩滉的阶层身份和文化身份，足以让人们相信，这幅作品能够作为探究唐人精英文化取向的线索。由此，大唐的空间跨度、繁华时刻与精英阶层，全然在这幅韩休墓《乐舞图》上涵括凝聚，提纲挈领。而凝固的乐舞，亦启动了想象里的翩翩舞姿与绕梁之音，打开了"立体"的背景音乐。

　　唐前期以雄武之姿称霸一时，各邦臣服。"天可汗"的称号，不是各邦平白无故送给大唐领袖的，而是靠唐人浴血奋战而来。但是，想要在战争中取得胜利，无论是灵活的智计还是丰沛的勇气，首先都立足于当时最先进的战备武器。战备武器的情况，决定了统帅的战略与战术。短兵相接，或用刀剑（图3）；列阵冲锋，则当用矛戟。但在冷兵器时代，征战沙场之中，无论手握何等武器，任谁也少不了胯下战马。众所周知，唐太宗马上得天下，对马有特别的爱好，以至于身边女流，都能知道驯服烈马的大致流程，而在自己陵前又特留以"六骏"石刻，昭显帝王武功，足见热衷。开国帝王倡导的风气，无论是对当时还是对后世都产生了深远影响。唐朝极为重视马政，相应地，其时牧马业、相马术也空前繁荣，骏马辈出。正因如此，图像、雕塑中所见的马匹形象也往往英武非凡（图4）。对马这一战略物资的重视，让唐代马匹质量上升、数量暴涨，光是唐玄宗的御厩中就养了40多万匹马。数量既多，围绕着马产生的娱乐方式也便日渐多元。马球、舞马便都是宫廷中流行的趣味。唐玄宗自己便是马球高手（图5）。打上一场马球，甚至成为开展外交活动时增进友好关系的有效手段。

　　大唐的雄武之姿，多为男人主导的产物。但一个时代真正的时尚，还是要在女人裙角眉间寻找脉络。说起大唐的女性，首先跃入脑海的当然便是一个"胖"字。唐人以胖为美，所言不虚。众多墓中壁画、陶俑中的女人形象，便是最好的证明。展中展有武惠妃敬陵壁画中的仕女，形象珠圆玉润（图6）。武惠妃的身份特殊，她曾是唐玄宗最宠爱的妃子，也是杨贵妃的前婆婆——被唐玄宗抢媳妇儿的寿王李瑁，

图3　水晶缀十字铁刀　唐窦皦墓出土

图4　彩绘贴金骑马俑　唐懿德太子墓出土

图 5 《明皇击球图》摹本 中国国家博物馆藏 　　图 6 《持如意仕女图》 唐武惠妃敬陵出土

正是武惠妃的亲儿子。武惠妃死时,正值开元盛世之末,作为唐玄宗最宠爱的妃子,其墓中仕女形象正可作为昌隆时代的时尚典型。其实,胖只是人们对于唐代女性的片面印象,这一体态的取向主要流行于盛唐时期的贵族阶层。在初唐和中晚唐,"减肥"可能仍像今天一样,是不少女人一生孜孜不倦的"事业"(图7)。

美人胖瘦如何,虽受时风影响,但财富、基因等也是重要的影响因素,很多时候并不完全是女人自己选择的结果。与身材相比,衣服、妆容,才是时尚界一拼高下的真正舞台。白居易有诗云:"小头鞋履窄衣裳,青黛点眉眉细长。外人不见见应笑,天宝末年时世妆。"大体可以描绘出开元天宝时期美人的时尚追求。虽然体胖,但衣裳仍是要紧窄合身。而化妆的核心,则在于描出细长的眉线。开元末年杨思勖墓出土的女俑形象正合乐天诗中要旨(图8)。与衣裳妆容同等重要的"战场"在于闺房。闺房用品的选择,至今仍是女人们暗自较劲的焦点。种种工巧精细的铜镜(图9)、粉盒(图10),彻底"出卖"了唐代女人争奇斗艳的好胜心,也让唐代的女性时尚由

图7 拱手三彩女陶俑
　　 唐独孤思贞墓出土

图 8　彩绘拱手女立俑
　　　　唐杨思勖墓出土

图 9　螺钿花鸟纹八出葵花镜
　　　　唐李倕墓出土

图 10　玉方粉盒
　　　　唐宫城遗址出土

图 11　蹀躞带胡服女立俑
　　　　唐金乡县主墓出土

图 12　三彩胡人骆驼俑
　　　　唐昭陵陪葬墓出土

表及里地呈现在观者面前。

女性时尚，求新求异，为避免撞衫的尴尬，有时候着男装、穿胡服（图 11），亦在所不惜。实际上，女性对胡服的选择，显露的是唐代整个社会的"好胡"之风，而这样的风气则建立在陆海丝绸之路畅通无阻的基础之上。大唐强盛而开放，自然对远近来客形成了强大的吸引力，前往东土大唐取经卖货的商人旅客络绎不绝。在唐人的生活里，自然也便处处留下了异乡人的形象（图 12）。骑着骆驼高鼻深目的西亚人为人所熟知，但展览中的黑人形象（图 13），却极其少见。从如今印度洋沿岸的考古发现来看，远在东非、东南非的沿海地带，出土有中国唐代的长沙窑、越窑瓷器。既然当时中国商品已经可以远达撒哈拉以南的非洲，那么，黑人形象现身唐墓便也在情理之中。异域远客的形象在大唐屡见不鲜，显示的正是大唐的自信、开放。这份开放，由上到下，处处可见，甚至在官僚机构之中，对胡人的任用和提拔也毫无避讳。唐时名将哥舒翰、史思明是突厥人，高仙芝是高句丽人，李光弼是契丹人，赫赫大名的安禄山，史书中说他是"营州杂种胡"，总归并非汉人。这些出身异族之人，能够获得皇帝信任掌控大量的军队，本身亦证明了唐时皇帝的包容。

图 13　彩绘黑人立俑
　　　　陕西省长武县郭村唐墓出土

　　不拘一格降人才本无可非议，但在兴盛之时对一切失去警惕，却足以导致祸患。其实，早在战马这样的战备物资的功能渐渐偏离其原本轨道之时，便预示了唐帝国的武备将在动地而来的渔阳鼙鼓中一触即溃。或是因为对回眸一笑的沉迷，或是因为对安禄山的轻信，雁北马蹄声声终究让霓裳羽衣曲错乱了节拍。安史之乱让大唐的光华转趋黯淡，但中晚唐的 150 年绝非如想象般凋敝衰败。8 世纪匆匆埋入地下的何家村窖藏和 9 世纪封存于法门寺地宫的皇家宝藏在20世纪末的发现，让历史叙事中略显低调的中晚唐，在"珠光宝气"间重绽光彩。

如将古代地图叠加在今天的地图之上，可以看到何家村窖藏的出土地点大体位于兴化坊中。兴化坊位于皇城西南，从《两京新记》和《唐两京城坊考》的记载来看，此坊乃是达官显贵的豪宅区域，因此，何家村遗宝的主人身份如今虽有争议，但绝非泛泛之徒。何家村出土的众多器物，体现了当时金银器制造的最高水平，且种类复杂，既有涉及唐代国家税务制度的庸调银饼，亦有自述炼丹妙方的银盒（图14），更多的是融合中西技艺文化的绝品。如此次入展的一件鎏金双狮纹银碗（图15），碗内底中央以鱼子纹为地，上饰鎏金

图14 "大粒光明砂"银盒　何家村窖藏出土

图15　鎏金双狮纹银碗
　　　何家村窖藏出土

双狮，碗腹锤出连体花瓣，极尽精致。碗底的双狮纹样外有双框，这种纹章式的构图，在唐代本土极为罕见，明显是萨珊银器的风格，而双狮形象如狗，呈现出非写实性的特征，并成对布局，这又是中国传统艺术的手法。从技法来看，这件银碗捶揲、錾刻并用，同样也是中西合璧，体现出复杂的文化内涵。在这件器物上，我们或许能够看到，中晚期的大唐，并未因安史之乱而故步自封、止步不前，而是仍然保持着它积极开放的胸怀。事实上，在中晚唐的历史中，虽然情势复杂、内乱不断，但统治阶层中，仍有不少有识之士在竭尽所能，不断积极地尝试、探索解决国家、社会问题的方法。

韩愈的《论佛骨表》大概算得上是中晚唐时代针砭时弊的名篇。唐宪宗为迎释迦牟尼佛真身舍利入宫，大张旗鼓，所费不赀。韩愈深觉此举兴师动众、劳民伤财，因此毅然上疏劝谏。其笔锋犀利，大胆直谏，结果自然可想而知——被贬到当时的不毛南疆潮州担任刺史。韩文旁征博引、朗朗上口，读来极为过瘾，但君王为佛事究竟能如何铺张，长时间以来，却为人所惑。20世纪80年代末，"涉案"的法门寺地宫被打开，让今人一饱眼福。皇家为显虔诚，将各类奇珍异宝封存于地宫之中，特刻一碑为账目，详细记录皇家为佛骨舍利供奉的宝物之名。由此亦可见供奉数量之多，令人咋舌。此次入京的法门寺地宫出土金银器中，鎏金银龟盒（图16）与金银丝结条笼子（图17）最具特色。鎏金银龟盒胜在工艺复杂，造型惟妙惟肖，其用途可能是茶盒，亦有学者推测为香炉。而金银丝结条笼子则为置放茶饼的茶具。唐时饮茶习俗与今日不同，制备茶叶的方式自也迥异。唐时采茶后，需掺和香料，将茶叶制成茶饼，在取用时尚需焙烤，除去茶叶中的水分。以此笼子储存茶饼，正宜茶饼干燥通风。不过如此用途，仅为一说。亦有学者认为，如此精美的笼子，乃是

图 16　鎏金银龟盒
　　　　法门寺地宫出土

图 17　金银丝结条笼子
　　　　法门寺地宫出土

用作采摘樱桃。以黄白之色搭配樱桃的鲜红，可谓色彩绝美。

在韩愈和他的拥趸看来，迎佛骨入宫，可能并不是一个好主意，毕竟"佛本夷狄之人，与中国言语不通，衣服殊制……况其身死已久，枯朽之骨，凶秽之余，岂宜令入宫禁？"就算倾国之力以礼敬，怕是也解决不了国内外的危机重重，倒不如把这诸般心思用于国计民生。但这番苦口婆心，在虔诚的宪宗看来，更似大逆不道——谁说祈福于佛骨，不能是朕为国家朝廷、祖宗社稷考虑的一种方式？宪宗的委屈，并不能说没有道理。佛教入华，由来已久，已经算得上是群众基础深厚的外来宗教。皇帝有所礼敬，亦是风气使然。大唐如此开放，还有祆教、景教、摩尼教、伊斯兰教陆续随商路传来，与传统的儒、道、释三家一起并行于世，令人目不暇接。在众多选择中，追捧佛教只能算是保守的选择。各类宗教的盛行，为唐人的精神生活带来了更多的选择，也由此对更广阔的世界有了更深刻的感知。

结语

大唐风华绝代，万姿千面。但若细想300年的大唐，并不只是笼统的一瞬一瞥。辉煌与黯淡、欢乐与痛苦、兴与衰、荣与辱，总是环环相扣。在相生相克的更迭中，构成历史丰满的血肉。大唐之盛，是由风流人物、锦绣篇章组成的明面，但盛世之外，光芒之下，大唐的寸寸肌理，却常常是让我们茫然失语的盲点。当此之时，时间留下的种种物件，或许正是我们撬动记忆、越过"半唐主义"陷阱的支点。在小小的空间中，百廿件文物重构大唐"面上风华"，其意更在物外无言的启迪——大唐岂在方寸之间？任遐思沿着由文物构筑的双轨飞驰方寸之外、千年之前，方能见到心中的大唐风华。

（本文图 5 引自《大唐风华》图录，
其他图片由作者摄自展览现场）

相关图录：

王春法主编：《大唐风华》，北京：北京时代华文书局，2019 年。

延展阅读：

齐东方：《何家村遗宝的埋藏地点和年代》，《考古与文物》2003 年第 2 期。

郑岩：《试析唐代韩休墓壁画乐舞图的绘制过程》，《文物》2019 年第 1 期。

美妇人的花衣裳

展览名称：万里同风 —— 新疆文物精品展
展览地点：北京·中国国家博物馆
展览时间：2019年7月9日—2019年9月9日

丝绸之路如今人们耳熟能详。但是，无论是陆上丝路还是海上丝路，丝路沿途的大多数地点似乎都"名不副实"。虽然文献中信誓旦旦地声称丝绸是这路上最重要的商品，但考古工作者在万里丝路上，却很难找到丝绸遗物。这样的情形当然不能归咎于史学家们信口雌黄，只是并非什么地方都能与丝绸"长相厮守"。身为娇嫩的有机物，只有特殊环境能让那些乱花迷人眼的布料穿越时光。而新疆恰是因为埋藏环境干燥，而成为一块有"艳福"的地方。也正因如此，中国国家博物馆近期举办的"万里同风 —— 新疆文物精品展"最大的亮点，便是把丝路上货真价实的珍贵丝绸和"服装模特"一并带到了我们的面前（图1）。

图1 "万里同风"展览海报

花衣裳的布料

衣食住行,衣服位列第一,这是关乎人生存的头等大事。做衣服,第一个步骤是选布料。布料的质地决定了是否舒适,布料的花纹决定了是否美观。而舒适与美观进一步延伸,则又被升华为社会等级与权力的象征。由"里子"到"面子",布料都是关键。并非所有的织物都能够内外兼修,而古代中国的伟大发明——丝绸,偏在这两方面均卓尔不群,自然备受海内外欢迎。

新疆是我国出土丝绸最重要的地区之一,尤以东汉至隋唐时期的产品最为丰富精彩。作为蚕丝织造的纺织品的总称,根据不同的织造方法,丝绸可分为众多种类,如洁白的平纹丝绸称素,未经漂练的泛黄丝绸称绢,平纹地上起斜纹花称绮,斜纹地上起斜纹花称绫。工艺越是复杂,丝绸便越是名贵,而其中极品,人们公认为锦。从"锦"字的构成便可知道,它是黄金般的丝帛。锦用两种以上的彩色丝线显花,工艺复杂,花纹多样,自然价格昂贵。正因如此,若想了解某个时代纺织业的最高工艺水平,最终还是要着落于对锦的观察。而此次现身展览的锦,堪称中国丝绸史中教科书级别的文物,不仅极具分量,而且颇具趣味。

虽然国博同期举行的位于"万里同风"展隔壁展厅的"大美亚细亚"展分走了新疆出土的最重量级文物"五星出东方利中国"锦护膊(图2),让人略感遗憾,但展览所见诸多精品仍然令人眼花缭乱,大开眼界。先说"胡王"锦(图3)。从东汉起,流行锦面上以吉祥语词为纹饰。在西北地区出土写有汉字的丝绸,证明了当时汉文

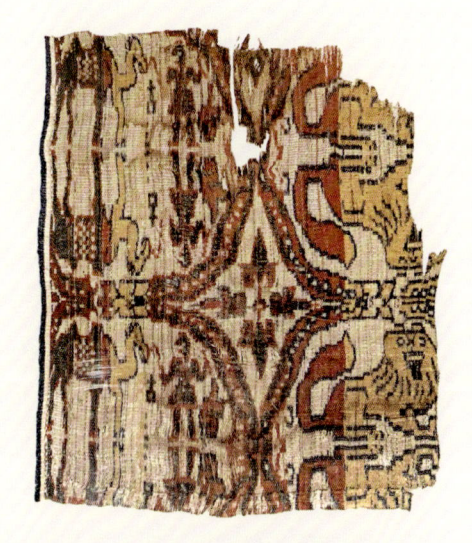

图 3 "胡王"锦 南北朝

图 2 "五星出东方利中国"锦护膊 汉—晋

化对西域地区的辐射和对丝路的文化影响。很多锦出土后往往以锦上汉字命名。"胡王"锦的名称便来自锦上的"胡王"二字。乍看此锦，或觉锦面残破，色泽暗淡，不过尔尔。但若顺着汉字仔细观察，会发现"胡王"二字以轴对称的形式出现。随着汉字扩展视域仔细观察，则可见到胡王周围的主体图案，实为一人牵骆驼。与"胡王"二字相同，人与骆驼竟也有镜像图案与之对称。镜像对称在什么样的实景中有可能发生呢？自然是水边河岸。由此答案水落石出，联珠纹围起来的图案主题，正是走在水边一人一驼的场景。联想到此锦的出土背景，则行走丝路沙漠恰逢绿洲水源的欣喜共鸣，油然而生。

另一件引人注目的锦以大红为底，色彩艳丽，定睛一看，主体纹饰却是"二师兄"的大头贴（图4），但其年代却比猪八戒形象的诞生早上七八百年，或许是八戒的"远祖"之一。它虽然肥头大耳，但獠牙毕露，和后世二师兄好吃懒做的精神气儿似有不同。实际上，这件锦上的猪头纹，并非中原文化的产物，其原型更有可能来自萨珊波斯。在流行于萨珊波斯的祆教中，战神韦勒斯拉纳的化身之一，就是"精悍的猪"。以猪头为纹饰，实际上表达了对神灵的礼赞。祆教战神化身出现于丝绸之上，现身于西域，正显露出西方文化的影响和中西文化的交融。

浏览众锦，虽然主题各异，颜色纷繁（图5），但若留心，却能在锦上找到共同的图案——联珠纹。所谓联珠纹，是指由小圆珠连缀组成的条带状或圈状图案。"胡王"锦上所见的联珠圈是联珠纹的典型样式，从6世纪中叶到7世纪末曾是中国最为流行的纹样。虽然圆圈纹常见于各地，但是圆圈成串的联珠纹，其源头却在西方。就中国的发现而言，早期发现的带有联珠纹的丝绸，其圈内的主纹往

图4 联珠猪头纹锦覆面 唐

图5 联珠对鸭纹锦覆面 唐

往带有祆教因素，表明波斯文化在联珠纹东传的过程中的影响。伴随着东西交流的日益深入，联珠圈内也开始出现东方特征的对称动物纹与植物纹，完成了外来文化的本土化进程。

历经千年的丝绸脆弱万分，当年触手的温柔腻滑当然无法再现。但是丝绸表面的精彩纹理，宛如昨日，而纹样形式的巧思、形象的内涵及其背后的演变历程，仍能让展柜外的人们遐想联翩。

美妇人的衣裳

在穿衣服这件事情上，男人比女人虚伪。谁不爱好看的衣服呢？本来嘛，美人之所以是美人，除了老天爷"赏脸"之外，在后天的努力中，一靠气质，二靠衣装，但气质还是要靠衣装衬托，所以归根结底还是靠衣装。喜欢好看衣服，乃是人之常情。但男人偏要低调的奢华，把贵重的衣服穿出朴素的效果，是他们的一贯爱好。女人就要诚实得多，从不掩饰自己对美的追求。正因如此，社会中的服装时尚一向由女性主导。想要了解时尚，光看布料是不够的，还要看布料裁出的衣服穿在美女身上的效果。在这方面，新疆的考古工作者提供"一条龙"服务，不仅挖出、修复了诸多丝绸遗物，同时还挖出了容貌姣好的"时装模特"。

模特中最著名的一件，莫过于被称为"唐代芭比"的绢衣彩绘木俑。《长安十二时辰》中仕女的妆容，正借鉴于这位雍容的女子（图6）。从敷铅粉到贴花钿再到涂唇脂，脸上风光一应俱全，一丝不苟。而女子身上的衣裳正是唐代女装的基本三样：裙、衫、帔，也代表了当时的时尚。帔上的纹饰淡雅，全然东方色彩风格，但实际上帔的渊源应追溯至中亚；作为内搭的是洋风扑面的联珠纹上衣，而联珠圈内的对鸟纹又证明这件衣衫已经经过了本土化的洗礼；下身的条纹长裙在我国最早从十六国时期开始流行，至唐代仍然不衰，只不过条纹较早期为窄。各地域"时装"的拼合配以历史的沉淀，奇妙地组成这唐代女子的美装。

盛唐时期，正是唐代女性服饰的转变之时。据孙机先生研究，在"唐代芭比"的条纹裙之外，色彩更为浓艳的裙子日渐兴起。长安仕女游春之时，尤爱穿着此类裙子，与花与人，争奇斗艳。据说常常让男士们拜倒的"石榴裙"，便是由杨玉环的裙摆而来。贵妃丰姿，无从复原，却可从文物中略加揣度。出土于阿斯塔那187号墓的美人花鸟图绢画中（图7），美人婀娜，裙摆飘摇，颇有贵族气度，或许便是那时候美人们喜爱的石榴裙中的一种吧。

图6　绢衣彩绘木俑　唐

图 7 美人花鸟图绢画 唐

结语

古代的男人们书读多了,有时不免迂腐。面对外来的事物,又是华夷之辨,又是中外之别,迫不及待地划圈划界,好显出地处中央的与众不同。倒不如爱美的女子们,坦然接受文化碰撞产生的火花,顺应内心美丽的召唤,创造出那时的时尚潮流与视觉体验。

(本文图片均由作者摄自展览现场)

相关图录:

王春法主编:《万里同风——新疆文物精品》,北京:北京时代华文书局,2020年。

瓷中探秘

展览名称：秘色重光 —— 秘色瓷的考古大发现与再进宫
展览地点：北京·故宫博物院
展览时间：2017 年 5 月 23 日—2017 年 7 月 2 日

乾隆皇帝面对自己的陶瓷收藏时，曾发出这样的喟叹："李唐越器人间无，赵宋官窑晨星稀。"诗中的"李唐越器"当指秘色瓷。乾隆的叹息或许正是秘色瓷该窃喜的 —— 幸好咱数量稀少，没落在你手里，要不一个个不都得像汝瓷似的在底部留下些"奇疤"（图 1）吗？

秘色瓷世所罕见，皇帝尚无可奈何，我等凡人想要得见一面，自然更是难上加难。文献中秘色瓷的记载连篇累册 —— 又是"掠翠融青"，又是"千峰翠色"，搞得人心痒难耐，但究竟真容如何，长久以来却当真是神"秘"莫测。近代以来，考古学者上穷碧落下黄泉，动手动脚找秘色，几十年的时间，越瓷找到不少，但秘色仍然是争论纷纭。不料蓦然回首，在越窑的老家浙江地区没能搞定的事情，却在千里之外的陕西佛寺地宫里水落石出。1987 年，法门寺地宫开启，14 件青瓷在皇家供奉的金银珠玉中朴素得格格不入，没想到顺着供奉清单"衣物账"石碑逐行读去，这内敛青光的瓷器竟是让人踏破铁鞋的瓷中秘色（图 2）。顺藤摸瓜，追本溯源，有了法门寺地宫秘色瓷提供的标准，将近 30 年后，2016 年，秘色瓷的出生地点

图 1　北宋汝窑青瓷盘（底刻乾隆御题诗）
　　　台北故宫博物院藏

图 2
法门寺地宫秘色瓷出土时情景
（引自《法门寺考古发掘报告》，
北京：文物出版社，2007 年）

终于在浙江上林湖后司岙被找到。2017 年后司岙窑址刚刚获评全国十大考古新发现，紫禁城便迫不及待地张开怀抱，邀请全国各地出土的秘色瓷与窑址成果一并"常回宫看看"。

图3 "秘色重光"展览海报 （引自故宫博物院官网）

故宫博物院"秘色重光——秘色瓷的考古大发现与再进宫"于2017年5月23日盛大开幕（图3）。展览的第一部分便把法门寺地宫出土的秘色瓷碗、盘置于核心，让世人一睹秘色瓷的标准器形。"秘色"虽非指碧色，但确是以青绿釉色取胜。晚唐五代时期是越窑瓷器生产的高峰时段，瓷器产品质优量大，精品迭出。然而当秘色瓷与故宫博物院珍藏越窑瓷器精品在展柜中并肩而立之时，仍能显示出其略胜一筹的清雅风姿。

秘色瓷身姿绰约，色泽雅淡，好则好矣，然而何以能与"赵宋官窑"并列？后者可是御用瓷器。瓷称"秘色"，本身便暴露了它的身份。清华大学尚刚先生早有考证，"秘色"的"秘"与"秘阁"、"秘苑"的"秘"同义，而"色"当解释为"类别"。秘色非碧色之误，而是指皇帝的瓷器。晚唐五代时期，藩镇割据，皇帝众多。秘色瓷如冰似玉，自然是各家皇室觊觎之物。所以，秘色瓷器多出土于各地与皇室有关的遗址、墓葬中。第二单元名曰"皇帝的瓷器"，便专门展陈各地皇家陵墓中出土的秘色瓷器。

实际上，吴越国第二代君主钱元瓘墓中早就出土了疑似秘色瓷的高质量越瓷（图4），只是苦于无更多证据印证。直到唐代皇家寺院法门寺地宫出土了"衣物账"，确定了秘色瓷的形貌，将之与吴越国主墓中所出验证比对，这才拨云见日。吴越皇室以地利之便，得以使用秘色瓷，而当时的大国宋、辽，也颇为垂涎南方佳瓷。文献中屡见吴越向宋进贡条目，瓷器赫然在列。每次进贡"釦金瓷器"可达"万事"，而一旦涉及"秘色瓷器"，数量从未超过"二百事"。由此数量，足见秘色瓷器珍贵程度远超一般瓷器——就算是装了金釦的瓷器也不行。

图4　钱元瓘墓出土秘色瓷方形罍子　（作者摄自展览现场）

五代十国之时，吴越对北宋卑躬屈膝，极尽讨好之能事，唯恐大国震怒，挥师南下。怎么在进贡秘色瓷这件事情上如此吝啬？展览的第三单元"秘色瓷的生产"，揭示了这个问题的答案。

2016年在后司岙遗址的发掘，除了出土有大量秘色瓷残片之外，还出土了众多生产秘色瓷的匣钵、支烧具等工具。秘色瓷与众不同，连窑具都非同凡响。以匣钵为例。匣钵是烧制瓷器时，为了防止器体、柴灰对陶瓷坯体造成破坏、污损，而罩在瓷器外面的匣子。一般制作匣钵用相对粗糙的陶坯制作即可，然而静静躺在展柜中的众多匣钵，其所用的材料居然与秘色瓷胎所用的原料相同。换句话说，秘色瓷是用瓷质匣钵（图5）装烧的！匣钵可比秘色瓷用的瓷土多太多了。这就已经够费工费料了，而更令人咋舌的是，原本很多匣钵是可以重复使用的，秘色瓷的匣钵却只能用一次。因为瓷质匣钵需要用釉料把口封住，以使烧成冷却时形成强还原气氛使釉色青绿。用釉料封住口，就也意味着烧成之后，无法温柔地把匣钵打开，必须采用暴力手段，把匣钵打碎才能取出瓷器。昂贵的瓷质匣钵却只

图5 后司岙遗址出土烧造秘色瓷的瓷质匣钵 （作者摄自展览现场）

能使用一次,这使得生产秘色瓷的成本一下子变得奇高无比。从文献和近代陶瓷实验来看,秘色瓷本来就只有百分之一二的极低成品率。而通过暴力手段打碎匣钵,容易将匣钵里的瓷器震碎,这又进一步降低了成品率。

成本极高,产量极低。吴越贡秘色,如此"小气",恐怕并不是拿不拿得出手的问题,而是拿不拿得出来的问题。

秘色瓷虽少,影响力却贯穿此后500年。中国青瓷,自秘色瓷起,终于找到了玉一般的君子之色。自此之后,秘色瓷便成了后世青瓷模仿的标杆。从耀州到汝州,从汝州到杭州,从杭州到龙泉,中国朴素淡雅的瓷器审美臻于至善。从龙泉流布于全国,再遍及草原海上两条丝路,中国最传统的瓷器美学也由此遍及世界。

地宫一封,窑火断续,人间已无秘色;望断南北,四海纵横,谁人不识秘色?

相关图录:

  浙江省文物考古研究所、慈溪市文物管理委员会办公室编著:《秘色越器——上林湖后司岙窑址出土唐五代秘色瓷器》,北京:文物出版社,2017年。

打开美颜滤镜的瓷器

展览名称：龙门遗粹——山西河津窑考古成果展
展览地点：北京·中国国家博物馆
展览时间：2021 年 4 月 22 日开展，展期 3 个月

在中国名瓷中，有些瓷器的成名仰赖于天赋异禀，比如定瓷，有些仰赖于天赋异禀加机缘巧合，比如景德镇青花瓷，但有些瓷器，虽然"先天不足"，却能够逆天改命，比如磁州窑瓷器。近年来的考古大发现山西河津窑，便是磁州窑系的一支。近日其入驻国博，一展"龙门遗粹"（图1、图2），或许能够为我们揭示宋金时期化妆白瓷"逆袭"的奥秘。

一

中国白瓷的出现是一件大事。相比于历史更悠久的青瓷，白瓷对于原料精炼和制作工艺有着更高的要求，这也是其比青瓷"迟到"大约 1500 年方才出现的原因。简单来说，如果按照此前制作青瓷的做法，想要在釉色透明的情况下烧出白瓷，那就必须制作出洁白的瓷胎；而想要胎色洁白，就必须大大降低胎料中氧化铁的含量。练

图1 "龙门遗粹"展览开头展示墙

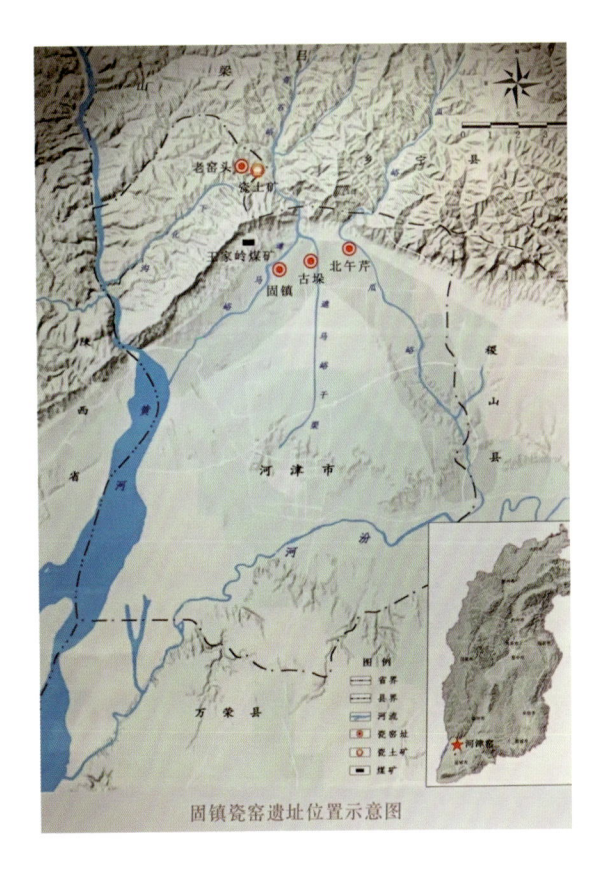

图2 河津窑位置示意图

固镇瓷窑遗址位置示意图

二 史料罅隙

泥降铁，如今说来容易，实践起来却是极难的。因为那些无法跻身知识阶层的窑工们，大概率无法知道影响胎色深浅的是氧化铁，他们的技术探索自然也就缺乏方向感。正因如此，从白瓷的分野来看，练泥降铁虽然必要，但却不是白瓷大量生产的主要方向。古人今人的想法都是一致的：既然直接降铁这么不容易，有没有其他简单的方法，同样可以达到生产白瓷的目标？

冲着这个目标，当时的窑工们发展出了两条路线。一条路线是，既然人工降铁不太容易，那么干脆看看能不能直接找到颜色比较白的原料吧。循此路线，在窑炉技术足够成熟、瓷窑温度达标的情况下，先天便具有含铁量较低的高质量原料资源的地点，出现了以邢窑瓷器为代表的高质量白瓷，时人形容其产品"类银似雪"，与南方如冰似玉的越窑青瓷遥相呼应。上天的眷顾，让邢窑和后来的定窑成为举世瞩目的精细白瓷窑场，引领瓷业风骚千年，开辟出一条白瓷生产的"精英路线"。

然而，和我们人一样，"天生丽质难自弃"的存在，总是稀缺的。但对美的追求，却是普遍的。一些窑场并不甘心于自己平凡的命运，在"精英路线"产生的同时，有人想出了一个绝妙的办法，那就是，给瓷器"化妆"。具体说来，原料天生不够精细，不要紧，在原料上铺一层白色的"粉底"把它变白不就好了？用化妆土——少量极为洁白的原料——遮掩掉胎料表面的"黑头""毛孔"，再施上透明釉，烧成之后，便永远不会"卸妆"。这样一来，人们使用的时候，所看到的只是洁白的釉面，谁还会去细究这里面藏着粗疏的胎呢？相比于"精英路线"对原料的超高要求，"化妆路线"简单明了、操作性强，很快风靡一时，甚至"精英窑场"在初期生产或部分生产中，也会采用这一方法。而随着窑工对化妆土的长期运用，他们发现，化妆土的存在，让瓷器外观的拓展走入了全新的世界。

二

  河津窑便属于广泛采用化妆土进行白瓷生产的窑场。细观河津窑产品，便可以看到化妆土为瓷器带来的千变万化。比如，珍珠地划花（图3、图4），是一种有着美丽名字的技法。"珍珠地"是对密集小圆圈构成的图像背景的妙喻，其来源于对金银器"鱼子纹"的模仿。在瓷器上称"珍珠地"是某种抬高，在金银器称"鱼子纹"是塑造亲和力，这正是名物之学的妙处。瓷器仿金银器，展现了窑场的"自我修养"和"崇高追求"。而唯有化妆土，方能让这"珍珠地"落在实处。原本瓷胎的黄与化妆土的洁白，在对比中显露出色彩的张力。而那些追求极致洁白的窑场窑工，反而难以做出这样强烈的效果。不过，与白地黑花（图5）或剔花（图6）等工艺相比，珍珠地划花这一技法在化妆白瓷中还算是含蓄。白地黑花容易理解，

图3 珍珠地划花圆枕　　　　　　图4 珍珠地划牡丹花纹圆枕

图 5　白地黑彩折枝花叶纹圆枕　　　　　图 6　白釉剔花八角形枕

图 7　白地刻黑花枕

无非是在白色的化妆土上，用黑彩描绘出形形色色的纹饰或文字——用化妆土粉刷一新的瓷器表面，宛如素洁的纸张，给窑工们驰骋创造力的天地（图7），于是生活百态、一花一叶，皆可成为装饰瓷器的题材。走上"精英路线"的精细白瓷，或许是矜持于自身清雅含蓄的审美取向，反倒不如在自由天地中纵横的化妆白瓷们活泼可人。白地黑花是化妆白瓷中最具代表性的技法，但剔花技法却是最能显现化妆土优势的技法。具体说来，剔花，就是先给瓷胎敷上化妆土，

图8　白地剔花填黑牡丹纹八角形枕

然后根据设计图案的需要,再把局部的化妆土剔掉,将较深的胎色露出来,构成画面的一部分。在这样的处理下,原本备受鄙视遮遮掩掩的胎色,此时戏剧般地发生了反转,成为突出纹饰效果和色彩必不可少的背景色,同时,还使得主体图案呈现出浅浮雕的"肉眼3D"效果。更有些瓷器是将剔花与白地黑花进一步结合,在露出瓷胎的部分填上黑彩(图8),让瓷器装饰更为丰富。

为何化妆土能为白瓷带来如此众多的变化?在化妆土应用之前,窑工们如果想要对瓷器进行装饰,只能在胎、釉两种要素上来做文章。而当化妆土被应用于胎、釉之间,装饰工艺成了三种要素的相互配合,从排列组合的算法来看,这等于是给胎、釉两者之间的乘法添加了新的乘数,自然会极大地丰富瓷器装饰的手法。而民间窑场又不像官窑那样有着严格的"制样"管束,在宋金时期较为宽松的商品经济市场中,为了提高竞争力抢占市场,窑工的创造力自然迸发。

三

致力化妆白瓷制作的磁州窑系窑场众多,遍布今天的河北、河南、山东、安徽、山西等省份。竞争激烈,存活不易,当然要有拿手绝活,抢占细分市场。从目前的考古发现来看,河津窑的拳头产品,似是形形色色的瓷枕。据统计,全国各大机构收藏的宋金瓷枕中,列入珍贵文物级别的有1700余件,而其中目前可辨识为河津窑产品的为168件,比例接近10%。这些瓷枕在入选珍贵文物之前,人们并不知道它们来自河津窑。因此,这一数据或可被视为一次匿名选择的公允结果。宋金时期,磁州窑系各大窑场生产规模巨大,河津窑瓷枕产品能从中脱颖而出、卓尔不群,可见其实力非同一般。平心而论,瓷枕在陶瓷产品中属于制作较为不易的种类,因为其并非拉坯而成的圆器,而是多种不同形状的瓷板或瓷构件拼接而成的"琢器",尤其是,其所用到的瓷板也并非规整的平面,而是多有曲面,让形态均匀规矩,本就是难事。但从河津窑的产品来看,当地窑工对瓷枕制作显然驾轻就熟,即便是窑址中出土的残次废弃产品,

图9　白釉剔花填黑八角形枕

图10　三彩剔花六角形枕

亦能显现出规整严谨的名家气质（图9）。河津窑瓷枕分低温釉瓷枕和高温釉瓷枕两类，低温釉瓷枕不拘泥于黑白两色，色彩丰富（图10）；高温釉瓷枕则利用化妆土将黑白碰撞演绎至极。如今，故宫博物院藏有一件乾隆御题河津窑瓷枕，足能说明其瓷枕的制作水平。如今文艺界往往以群嘲乾隆皇帝的"四处留痕"为能事，但实际上，从乾隆皇帝的瓷器藏品和其稚拙的品瓷诗歌中却能够看出，乾隆皇帝的陶瓷欣赏品位和水平并不糟糕，甚至可以说是居于当时收藏家中的上乘。其能将河津窑瓷枕收入囊中，这本身便是河津窑瓷枕制作水平的重要注脚。

在清末之前的瓷器收藏史中，如乾隆帝一般慧眼识瓷的藏家凤毛麟角。大多数记录磁州窑系的文献，都对这些流行于民间的陶瓷产品嗤之以鼻。藏家审美的转向始于20世纪初巨鹿古城的发现和发掘。古城出土的众多磁州窑系瓷器很快引起了人们的重视，并引发了中外人士对于磁州窑系窑址的寻找。而伴随而来的，则是欧美人和日本人对于此类文物的疯狂攫取，在这一过程中，大量河津窑产品被搜罗至海外，辗转入藏海外多家著名博物馆。其中最受珍视的，仍是瓷枕。不过，在河津窑址发掘之前，此类瓷枕一般被标记为磁州窑系产品。此次展览特意联合众多海外博物馆，重新辨识其藏品，为河津窑正名。

结语

河津窑址的发掘之所以能够位列当年的考古"十大发现"，器物精美、技艺超群，只是一个方面。"十大发现"评审专家们认为，河津窑的发掘，"填补了山西地区无制瓷遗迹的空白，比较全面地反映

图 11　河津窑窑炉、作坊示意图

了该窑址的制瓷生产链，为研究宋金时期河津窑的制瓷流程、烧窑技术、装烧方法提供了重要的新材料"（图 11）。换句话说，河津窑，不仅以其产品，让我们看到了宋金时期山西人民的日常生活，也让我们看到了日常生活的美丽细节，是如何被创造的。

（本文图片均由作者摄自展览现场）

相关图录：

王春法主编：《龙门遗粹——山西河津窑考古成果展》，北京：北京时代华文书局，2021 年。

三 走向世界

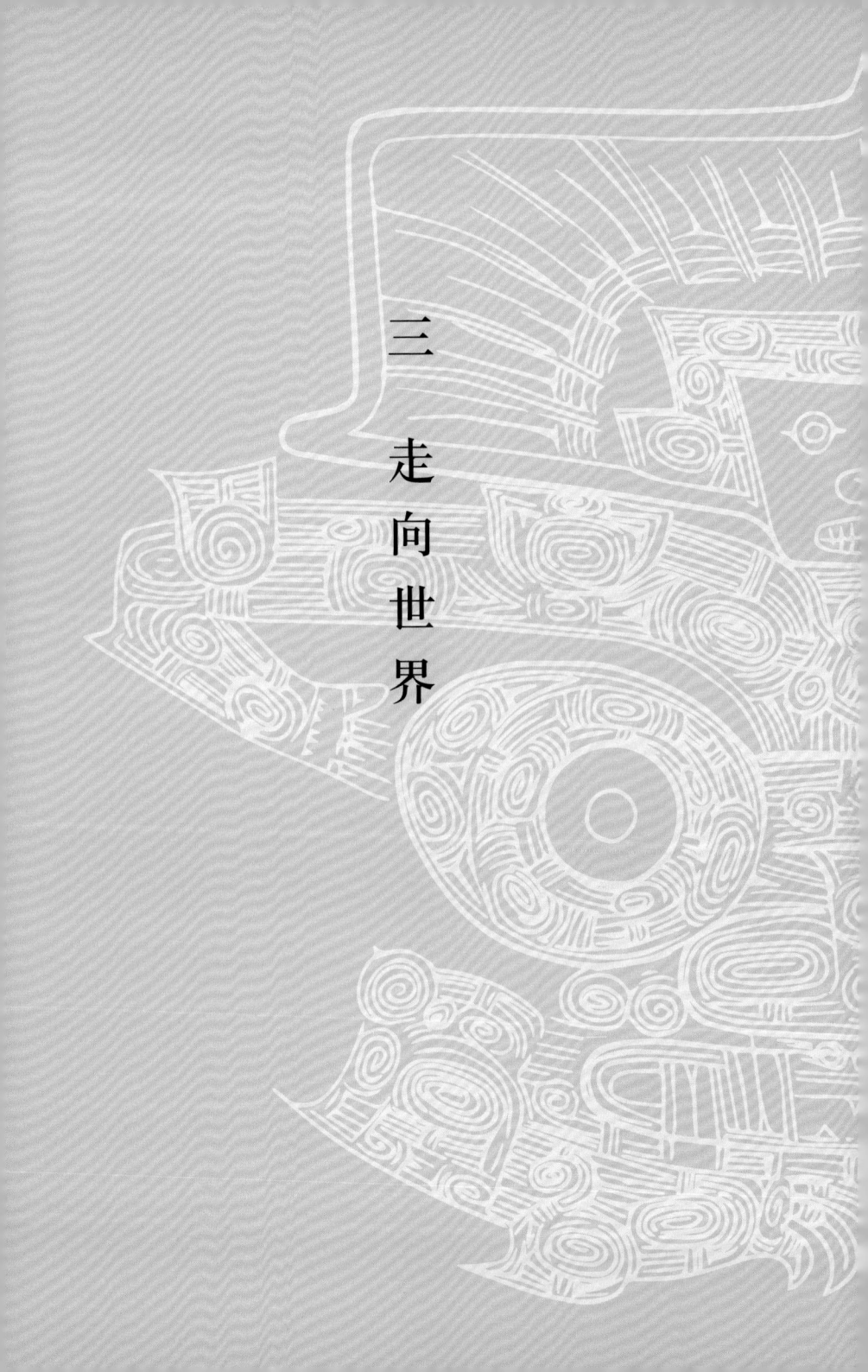

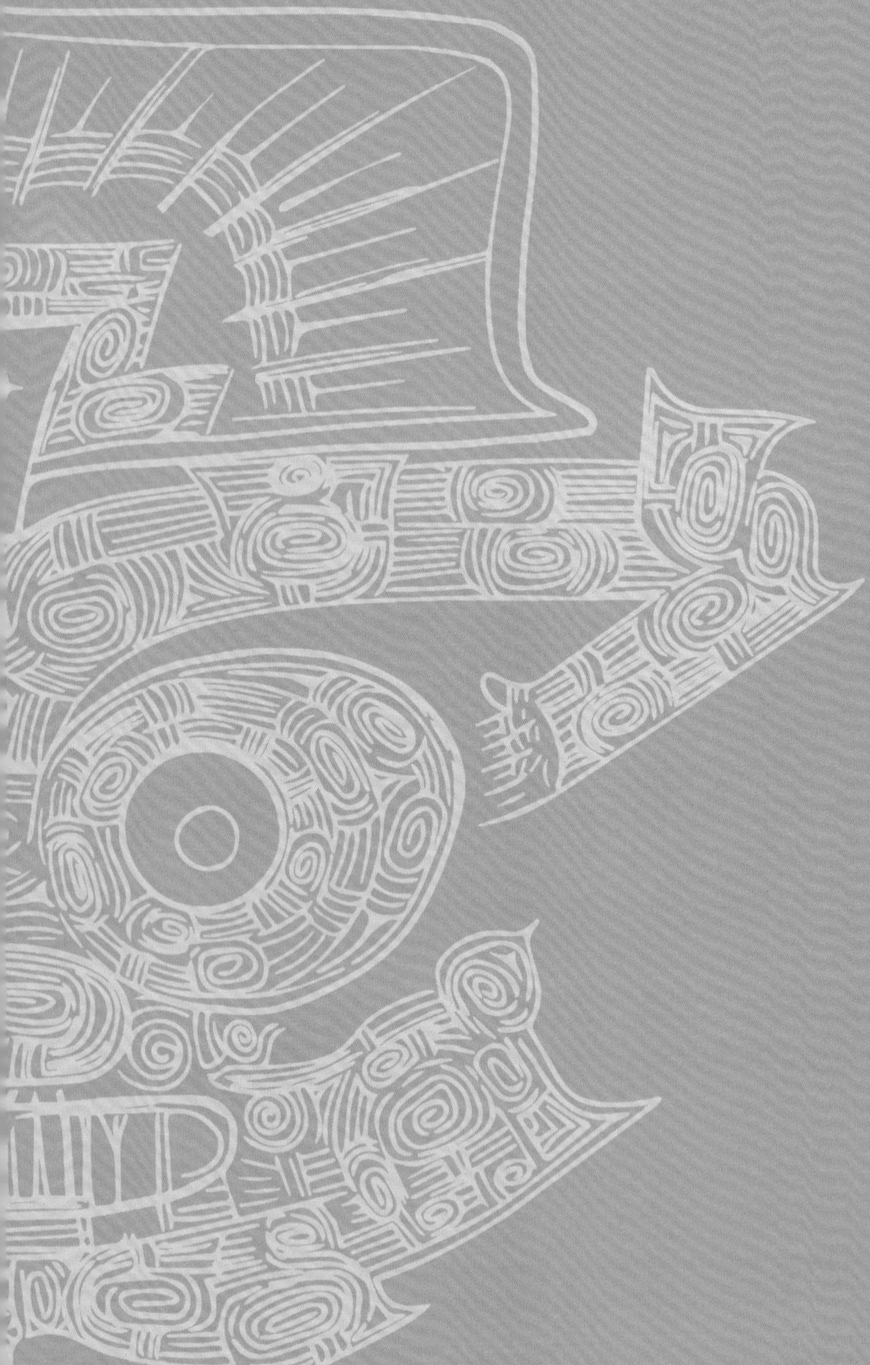

风靡世界的"重口味"

展览名称：明代御窑瓷器——景德镇御窑遗址出土与故宫博物院藏嘉靖、
隆庆、万历瓷器对比展
展览地点：北京·故宫博物院
展览时间：2018 年 11 月 6 日—2019 年 2 月 22 日

明武宗正德帝虽然以贪玩胡闹著称，但品味却并不差。从瓷器烧造中便可看出，对于爷爷成化帝留下的淡雅风气，他绝无叛逆之心，倒颇多沿袭之意。然而随着他早早地无后而终，皇帝大位传到了他的堂弟朱厚熜手中。皇位传承在皇族支脉中的变化，似乎也对京城千里之外瓷器的生产发生了影响——成化帝开创的瓷器小清新时代，随着嘉靖帝的即位而终结，取而代之的，则是关乎瓷器长达百年的"浓墨重彩"。所谓"浓墨重彩"，不仅事关器物造作的技法和审美，更是国际舞台风起云涌之时中国商品历史地位与作用的隐喻。正因如此，故宫博物院与景德镇市人民政府联合举办的"明代御窑瓷器——景德镇御窑遗址出土与故宫博物院藏嘉靖、隆庆、万历瓷器对比展"当然值得期待（图 1）。

图1 "明代御窑瓷器"展览海报

皇帝与瓷器

明代盛产有个性的皇帝。永乐帝果决、成化帝文艺、正德帝荒唐，嘉靖帝朱厚熜则精明而又刚愎自用。朱厚熜即位之时，年仅15岁，却以未及弱冠之龄，挑起为生身父母争名的"大礼议"事件，单挑以老首辅杨廷和为首的满朝文武，且大获全胜。这件事的胜利，明面上彰显了嘉靖帝的孝敬，暗地里却又有弹压前朝老臣、掌控权力的实效——明里暗里都显露出年少的嘉靖帝非同一般的政治智慧和刚直性格。朱厚熜对亲生父母名分的重视，微妙地透露着他对正德朝的不认同，由此刻意强调了本朝与前朝的差异。皇帝这种改弦更张的态度，即便是在瓷器生产这样的细枝末节中，也留下了明显的痕迹。

以最为常见的青花瓷为例。若将嘉靖时期与前朝历代青花比对便可轻易看出，相比于永宣青花的浓淡适中、成弘青花的淡雅素净，嘉靖御窑最具代表性的瓷上青花发色浓艳泛紫（图2），令人印象深刻。《陶说》有言，"嘉青尚浓，回青之色，幽菁可爱"。青花发色的差别，奥秘在于青料的种类不同，但《陶说》却未尽述。嘉靖时御窑工匠绘制青花不仅使用进口回青，很多时候还需在调配中加入国产石子青，中外合璧，方能生产出不同于以往的嘉靖青花瓷。嘉靖御窑青花的浓艳之风（图3），一经确立便长盛不衰，引领嘉靖、隆庆、万历三朝百年的瓷器时尚。

图2　明嘉靖青花龙穿缠枝花纹盘

图3　明嘉靖青花缠枝花纹玉壶春瓶

作为天生的政治强人，嘉靖帝大概是后来在与朝臣屡战屡胜的斗争中倍感无敌的寂寞和无聊，开始逐渐对道教产生了兴趣。而一场意外的事变则让嘉靖帝深陷宗教不可自拔。嘉靖二十一年（1542）的某个深夜，十几个年轻宫女试图将嘉靖帝勒死，但囿于经验，误把绳子打成了死结，嘉靖帝由此逃过一劫。此案的作案动机和真正主使，无论是当时还是如今都无定论，但或许却让受害人嘉靖帝受到了严重的心理创伤。自此之后，嘉靖帝离开紫禁城，移居皇宫旁的西苑，不再上朝，全心全意地投入修仙炼丹的道教事业之中。皇帝事业重心的转移，既让朝廷中政治角力的格局大变，也令一时的文化风气同步转向。在如此大势裹挟中，御窑青花瓷的图案题材自然也无法脱离潮流。在嘉靖朝，最具道教符号色彩的完整八卦图像首次被运用于御窑瓷器之上（图4）。不过，八卦图像虽有其玄妙的寓意，但若只是孤零零的存在，就审美而言，仍不足以撑起瓷面风景。其实，嘉靖瓷器表面纹饰相当热闹，鉴赏家甚至论之为"繁缛复杂而缺少层次"。那么何种

图4 明嘉靖青花八卦瓷砖残片

图 5　明嘉靖青花团云龙团云凤云鹤纹大盘

图 6　明嘉靖青花缠枝莲托"寿"字盖罐

纹饰可与八卦图像平起平坐？细观展览中的瓷器便可发现，仙鹤（图5）和"寿"字纹（图6）同样也是嘉靖青花瓷常见的选择。仙鹤在道教中有长寿寓意。如果说八卦表明了嘉靖帝的道教信仰，那么"仙鹤"与"寿"字纹的堆叠，则明明白白宣告了嘉靖帝扶乩斋醮的目的——祈求延年益寿，乃至长生不老。嘉靖帝毕竟是聪明人，20多年不上朝，仍能让朝堂之上风平浪静，这本身就足见手腕。然而，懒得上朝，并不代表着不爱当皇帝。相反地，修仙炼丹，或许正表明了朱厚熜对皇位的重视和对权力的贪恋。

图 7　明嘉靖青花海水云龙纹盖罐

　　与其他因乱吃仙药而短命早亡的皇帝不同，在诸般灵药的试炼之下，嘉靖帝居然活到了 60 岁。看来天资过人的嘉靖帝在"化学实验"和"医药制备"方面亦有心得，只是个中细节于今已难为人所知。长达 45 年的统治，让嘉靖帝的喜好在御窑瓷器生产方面产生了持续的影响。而隆庆朝过于短促，万历帝即位时过于年幼，这些因素，客观上也都促使青花瓷生产延续了嘉靖朝确立的"重口味"之风。

　　实际上，"重口味"这个比方，不仅指青花色彩浓郁，亦暗示着重器大器在嘉隆万三朝的盛行（图 7）。在嘉靖朝，重器已然迭出，但在一般的印象中，似乎万历朝的重器青花大龙缸名声更响——或许是因为传说中它的烧造，生生为景德镇瓷器行业造出了一位"窑神"。

　　据说是万历二十七年（1599）时，宦官潘相奉命至景德镇督造瓷器。作为皇帝身边的亲信,潘相不远千里南下至饶,自然是因为肩负重要使命。那就是为万历帝烧造一只口径三尺、高二尺八、厚三寸的大龙缸。这大龙缸,据潘相所说,是万历帝为自己的陵墓定陵点长明灯用的。事关当今圣上的死后福祉,景德镇的工匠不敢怠慢。奈何重器本来便难烧,而督窑的潘相眼中又容不得半点瑕疵——通体不得见气泡,颜色不可有杂。按照景德镇瓷业里的行话,这等所谓"万里无云"的高级货,乃是万中无一的极品,最是难烧——难就难在大。如此沉重巨大的瓷缸,单是打泥拉坯就不容易,而窑炉之中一旦点火,情况又是千变万化,稍有差池,便会留下瑕疵。因此,任务一出,景德镇匠人们的心头便是愁云密布。而几经实验,果然不出众人所料,千辛万苦烧出的几个大龙缸,不是烧裂了器体,便是烧变了器形、颜色。这些烧坏的器物,当然无法交差。可是这差事关乎潘公公的脑袋,那便也怨不得潘相大发雷霆,对窑工掌掴鞭抽。眼见龙缸不成,潘相发了狠话,要是在规定期限完不成龙缸,所有的工匠都要陪他潘公公共赴黄泉。眼看时间日蹙,景德镇的一位制瓷工匠童宾,为了烧成这只龙缸,也为了救整个景德镇于水火,将自己投进了烈火熊熊的窑炉。当其他人发现这一切的时候,童宾已成焦炭,而龙缸烧造大功告成。自此之后,童宾便被景德镇瓷器行当奉为"窑神""风火神"。每次瓷器烧造前,都要向这位风火神仙焚香祷告,以求一切顺利。

这个传说,被人们郑重其事地记载于书中;清代督窑官年希尧甚至还将它刻于碑铭之上。万历龙缸也伴随着"窑神"而扬名内外。1957 年,当万历帝的定陵地宫被考古工作者打开之时,确实出土了三个精美巨大的青花龙缸,然而龙缸器体上却赫然写着"大明嘉靖年制"(图8)——这多少令熟知窑神故事的人们感到错愕。但细细想来,稗官野史总归是半真半假,好像也没有必要苛求传说全然真实。三个大龙缸的出土,倒更能表明,对重器的认可和需求,至少能从嘉靖朝贯穿至万历朝之后。不过,传说中重器烧造的艰难,却绝非不经之谈。在瓷器生产中,巨大的重器与轻巧的小器,往往难度最大。因为过大或过小,都超出了人体容易把控的尺度。如果说成化御窑开创了瓷器精妙绝伦的薄俏时代,嘉隆万三朝御窑的生产成就,则突出地表现在大器的沉稳敦实。御窑厂遗址出土的无数厚重碎片(图9),正是"窑神"传说中窑工"屡败屡战"的现实映照。从某种意义上来看,窑神传说又包含着另一个值得深思的问题:高高在上

图8 "大明嘉靖年制"龙缸
明定陵出土(引自《定陵》考古报告)

图9　明嘉靖狮纹缸残片

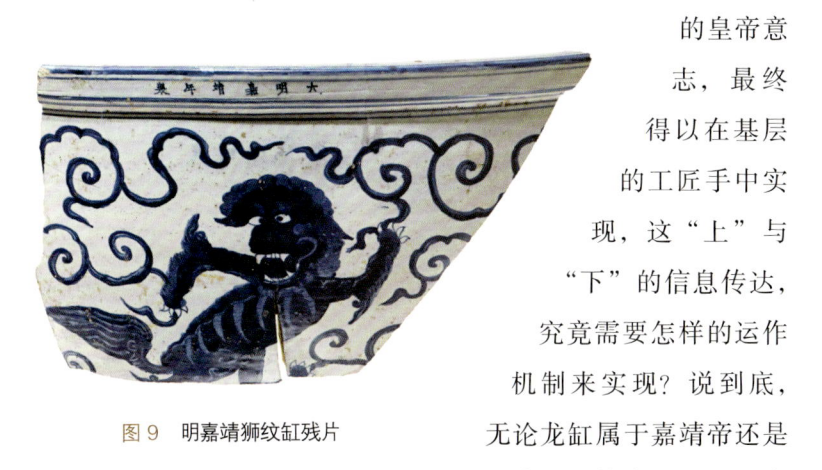

的皇帝意志，最终得以在基层的工匠手中实现，这"上"与"下"的信息传达，究竟需要怎样的运作机制来实现？说到底，无论龙缸属于嘉靖帝还是万历帝，它终究只不过是来自皇帝心中的小念头。在大航海开启新时代之际，这些念头经由景德镇工匠之手放大成真，又会发生怎样的"蝴蝶效应"？

瓷器与世界

在明朝的历史中，隆庆帝并不是一个很有存在感的皇帝。毕竟他在位仅有6年，时间如此短暂，还想在奇葩辈出的明代皇帝中一鸣惊人，那当然绝非易事。然而不管是被逼无奈还是顺应时势，隆庆帝即位之初（1567）颁布的一项政策却足以震动四海、名留史册，那就是解除海禁，开关通商。

朱元璋起自东南，他的几个重要对手张士诚、方国珍，都曾盘踞沿海一带，而张、方失败之后，其余部仍流窜海上，扰乱大明的正常治安。在这样的背景下，朱元璋颁布了海禁的政策。海禁最初虽可能不过是当时的权宜之计，但实施之后，却与后来的朝贡贸易一起，成为明代早中期对外关系的国策。政策设计的初衷是为了海疆安定，没承想效果却适得其反。"一刀切"的政策除了遏制敌对势力，同时也打压了沿海地区正常的商贸活动。一些不愿放弃对外贸易巨大利润的沿海商人只好转向走私。而其中更有一些胆大者，勾结渴望和中国发生贸易的日本商人乃至武士、匪徒，组成大型的武装走私集团甚至海盗集团，为祸一方。这便是恶名昭著的倭寇。嘉靖时期，海防废弛，倭寇之患愈演愈烈，声动朝廷。明廷在组织军事镇压的同时，也展开了对传统海禁政策的反思与探讨。基于这样的背景，想要有所作为的隆庆帝初登皇位，便试图着手解决海疆弊政，下令开关。

　　打开海关，或许只是大明朝廷诊疗沿海痼疾的应急之策，但这一政策启动的节点，却是在东西海路打通的整体背景之下。如饥似渴的西方人为了攫取来自东方的商品，早已不远万里、费尽心机。隆庆帝一声令下，尽管只是在漳州月港打开了一个小口，但却让东方大陆迅速地卷入全球贸易之中。而也正是因为隆庆帝这项政策，一个奇怪的现象出现了：东奔西走营建贸易网络、四处烧杀抢掠攫取黄金白银的西方人，行船到了东方，却乖乖把从全球各地抢来的白银双手奉上。大明官民上下，只需要"宅"在本土，便能把全球的白银都吸入囊中，仿佛练过"吸星大法"。据明史专家估计，16世纪中期至17世纪中叶，通过贸易渠道流入中国的白银可达3亿两。如此强大的"吸银"能力，全靠中国特产的众多强势商品。而瓷器正是其中之一。

　　从西太平洋和印度洋沿海各国的发现来看，在隆庆开海之前，明代瓷器已有广泛的传播，只是在官方的压抑之下，走私贸易毕竟不敢大张旗鼓，因此数量相对不多。而隆庆之后，瓷器的"变现"

潜力等来了释放的机缘。瓷器出口迎来了前所未有的高峰。据有关专家的粗略估算，16世纪仅西班牙、葡萄牙两国运往欧洲的瓷器就超过了200万件。享受到隆庆政策红利的，主要是万历时期从事瓷业的民间匠人和商人（图10、图11）。那么问题来了，民间瓷器出口贸易的大发展，和御窑瓷器又有何干？

按照明代原有的规定，御窑瓷器原本管控严格，仅有供应宫廷、

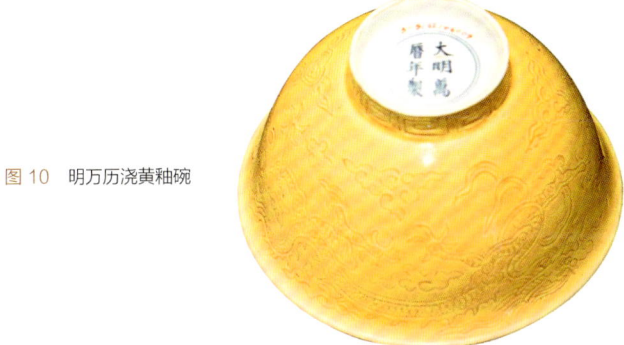

图10 明万历浇黄釉碗

图11
明万历五彩缠枝葫芦婴戏图盘

赏赐、外交三种用途，与民间贸易无涉。明代早中期因御窑瓷器外流而杀头的例子不胜枚举。但嘉万时期，景德镇御窑生产方式的变化，却把御窑瓷器和民窑瓷器紧密地联系在了一起。嘉靖中期之后，官匠制度变革，原属官方的匠人们可以通过交钱的方式代役，官匠们纷纷交钱摆脱人身束缚，御窑厂当然会人手不足。人手不足何以应对宫廷纷至沓来的订单？御窑厂便开始在民间雇用手艺过硬匠人。这样一来，御窑为保存皇家神秘和尊严而刻意设置的高墙，便在无形中被打破。根据记载，民间匠人进行生产时，不仅能学会御窑厂特有的各种先进工艺，还会偷出御窑厂特有的珍稀原料，如回青。这样一来，生产御窑瓷器的材料、技术，都在生产组织的变化中流入民间。这就使得嘉万时期景德镇民窑瓷器生产质量显著提高。而民窑水平的提高，又促成了景德镇御窑生产方式的进一步变革。嘉靖时期，宫廷所需瓷器量大，光靠雇用民间工匠御窑厂也无法应付，于是便出现了"官搭民烧"，即把一些御窑瓷器交由民间窑场承包。这样的组织方法，意味着部分民间窑场的技术和生产能力已经能够达到皇家认可的水准。同时，在这一过程中，御窑厂的众多技术标准和官作样本，也一并流入民间，刺激了民间窑场瓷器生产水平的持续提高。因此，或许是在无意之中，嘉万时期御窑厂对高端技术的垄断逐渐瓦解，且带动了景德镇民窑瓷器质量的提高。在国际贸易如火如荼的背景之下，在西方商人的积极争取中，景德镇的民窑瓷器传遍了世界，改变了众多地区贵族与民众的生活方式。而此时的民窑瓷器，已非吴下阿蒙，它承载着中国皇家的品位和喜好。换句话说，中国的宫廷物质文化以陶瓷为载体，经由窑业自上而下的社会垂直传播，再经由中外商业贸易的空间传播，从一个点扩张到了整个世界。这一切，大概是深宫之中的三位皇帝始料未及的。

结语

瓷器至于嘉万，已臻于成熟，各类瓷器堪称应有尽有。然而御窑制度至于嘉万，也早已弊病百出。朝廷曾亲手为御窑、民窑划定深壕，至于此时也不得不亲手填平，让民间的活力重新赐予御窑以运转的力量。与此同时，边患与大时代的变革，又让朝廷不得不亲手拆除另一重围障。这重围障虽并非专门为瓷器拆除，但却让瓷器市场倏然扩大。由此，两桩看似并无太多关联的事情，上与下、内与外，却因时间的巧遇，以瓷器为枢纽，让皇帝的品位走向了世界，在中外人们的心头，留下了"浓重一笔"。

［本文图片除图 8 引自中国社会科学院考古研究所等《定陵》（北京：文物出版社，1990 年）外，均由作者摄自展览现场］

相关图录：

故宫博物院、景德镇市陶瓷考古研究所编：《明代嘉靖隆庆万历御窑瓷器——景德镇御窑遗址出土与故宫博物院藏传世瓷器对比》（上下册），北京：故宫出版社，2019 年。

延展阅读：

王光尧：《明代宫廷陶瓷史》，北京：紫禁城出版社，2010 年。

燕归帆尽忆昆仑

考古项目：**肯尼亚沿海地区考古发掘**
考古地点：**肯尼亚马林迪**
相关单位：**北京大学考古文博学院、肯尼亚国家博物馆**

史书中载有一国，名昆仑层期。《诸蕃志》说："昆仑层期国，在西南海上……多野人身如黑漆，蚪发，诱以食而擒之，转卖与大食国为奴。"这大约就是传说中的昆仑奴。至于昆仑层期国，学者们争论不少，桑给王国是重大疑似地点之一。而据阿拉伯地理学家们的记载，桑给王先后曾居住在如今东非国家肯尼亚的马林迪和蒙巴萨。"昆仑"此名一向颇具神秘色彩，虽则此昆仑非彼昆仑，不过既然同名大约也能沾沾仙气。如此说，我们2012年前往肯尼亚的考古经历，倒与古人探访仙山颇有异曲同工之妙了。

如今归国日久，目睹每日忧心的PM2.5，体察瑟瑟发抖的春天，忆及当日肯国之阳光明媚，碧海青天，将其归为仙山之属，大约也不为过吧。

落日映孤城 —— 蒙巴萨耶稣堡

辗转航班十几个小时后,我们抵达肯尼亚南部沿海城市蒙巴萨,并稍作停留。蒙巴萨在肯尼亚的城市地位相当于我国的上海,同名岛屿是其城市中心,也是老城所在。要知道早在 15 世纪前后,蒙巴萨已经是东非海岸最重要的城邦之一。

1498 年,葡萄牙人达·伽马越过好望角,他迈出的或许是人类进程中重要的一步,却给原先平静的东非海岸带来了数百年的纷争。达·伽马到达东非时,蒙巴萨和北部城邦马林迪 —— 我们此次考古探寻的重点 —— 是不共戴天的仇敌。或许正因如此,被蒙巴萨人拒绝的葡萄牙人在马林迪找到了愿意与之结盟的城邦权贵。只可惜马林迪虽然积极成为葡萄牙的合作者,并充当了葡萄牙途经船队的食品饮水补给站,但由于地势难于防守,附近又缺乏良好的港湾以供停泊,所以到了 16 世纪,马林迪虽然仍是重要据点,但其重要性却随着葡萄牙人在东非势力的不断扩张而降低。而葡萄牙人几经波折后,终于在 1588 年占领蒙巴萨,旋即营建耶稣堡。随着 1593 年耶稣堡拔地而起,蒙巴萨战略地位飙升,这也正式标志马林迪走向衰落。葡萄牙人之后,逐利的阿曼人、英国人接踵而至,相继雄踞耶稣堡,以扼印度洋西岸航线咽喉。不过前尘已逝,空留胜景,现在占据耶稣堡的已是肯尼亚的考古文博学者,这里成了肯尼亚国家博物馆滨海考古部的办公地点。既然如此,不参观一下这座伫立数百年的军事堡垒,倒似不给我们友好的肯尼亚同行尽地主之谊的机会了。

当日蒙巴萨天色碧蓝,云朵数丛,阳光穿透云隙直下,配以海风

图 1　耶稣堡外景　（刘未摄）

习习，令人神清气振。远看耶稣堡，雄浑一体，屹于海滨，气势恢宏，墙体土黄色的漆面斑驳残缺，裸露出灰黑色的墙体（图 1），仿佛一个刚刚经过战斗的沉默力士，战甲已然不全，然则虬髯错节，裸露出钢筋铁骨般的肌肉来，唯其沉默不语，而显露力量，显露沧桑，显露悲壮。若从天空中俯瞰耶稣堡，它仿若一只蛰伏的钢铁巨龟，头朝东方，望日而拜（图 2）。而今这处世界遗产的入口就位于"铁龟"的左臂腋下。门前通道有两门黝黑的铁炮，隐隐透着戒备，沿着通道拐进入口的隧道，一种沉重的压抑感扑面而来，俨然是这森严的军事堡垒积久而成的气场，让随行女生们略生怯意。门前的导览牌上用英语和斯瓦希里语两种文字记述着耶稣堡大事记：1593 年由葡萄牙人建成，1698

年被阿曼人占领，1895 年成为政府监狱，1958 年成为国家历史遗迹，1960 年成为博物馆并对公众开放。几经易手的历史仿佛轻描淡写，岁月斑斑却已经不言自明，历史洪流中的人物早已被裹挟入海一去不返，此处此时，遗迹无言，其厚重斑驳却直击人心深处。

进入耶稣堡，其腹地视野开阔，似是当年的一片练兵操场。随导游由"铁龟"左臂向头部而行，参观军事防御设施，登上边墙。护墙极高，墙上开有一排竖直长条形槽口，内宽外窄，并由内而外向上倾斜，为放置枪械之用，四面墙角筑有瞭望台，周围一举一动尽收眼底（图 3）。介于城堡和防御工事之间，有几重硕大拱门向下直通堡垒基部，在底部有栅栏通向外面，据导游介绍，这是从前的水牢。在"铁龟"右腹部有一片淡黄色房屋，是耶稣堡的陈列室，里面陈列的多为

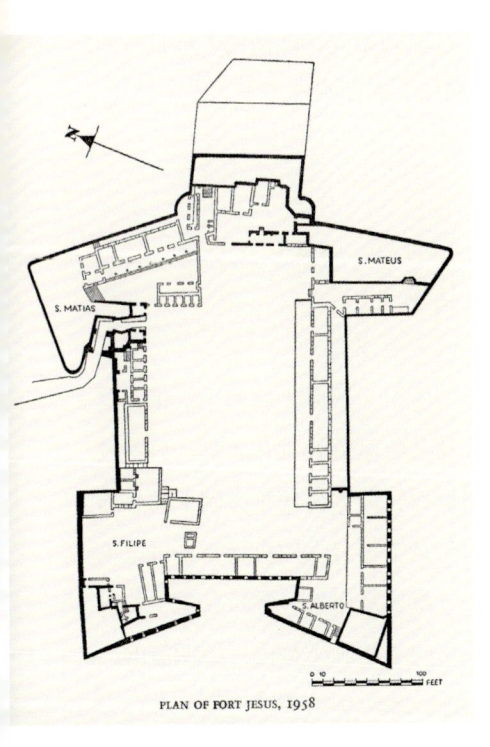

图 2　耶稣堡平面示意图　　　　图 3　耶稣堡的瞭望台　（徐文鹏摄）

20世纪五六十年代以来陆上考古与水下考古所获得的中国瓷片。在蒙巴萨以北的格迪古城出土的元代釉里红瓶，也陈列在此处（图4）。当然，肯尼亚出土的中国宋元瓷片较少，明清时代的青花瓷和龙泉瓷片则数量众多。至少从唐代开始，中国瓷器就在国际市场具有无可挑战的垄断地位，在达·伽马开辟印度洋航路前，阿拉伯人在印度洋占据贸易主导地位，中国瓷器应当是运抵中东之后再通过陆路或海路运抵欧洲，此时在陶瓷销售方面，东非海岸尚不居于显要地位，等到达·伽马开辟新航道，并开始争夺印度洋贸易霸权后，东非海岸成为运送中国瓷器的必经之路，所以明清时代的中国瓷器在东非的出土量激增，就毫不奇怪了。在耶稣堡里还有一座特别的小屋子，里面保存了17世纪早期一些不知名的士兵和水手绘制的葡萄牙人占领蒙巴萨的系列壁画，似乎是在讲述蒙巴萨经历的战争往事，黄底黑线，线条粗细有致，颇有现代漫画的气质，不过壁画略受污浊漫漶，尽是时间之痕（图5）。信步于耶稣堡内，墙体倾圮，表面粗糙不平，以手轻抚，则历史的质感与风霜尽在掌心流淌。

看不见的马林迪

初抵马林迪的时候，我们只是匆匆停留。道旁市肆的小饭馆，盆口大小的铁盘不禁让我想起伊朗、土耳其收藏的元青花大盘。只不过在帕慕克描述的细密画里，供众人围坐而食的大份饭菜，到了马林迪的市肆中却要被我这大肚汉独自享用。盘中饭食大约再寻常不过，牛肉、土豆和细长米粒混在一处，除了分量极足以外，学校食堂中的盖饭大约也不过如此，只是嗅觉提醒着它的东非海岸特色：那四溢的肉

图 4　肯尼亚出土的釉里红瓶　（徐文鹏摄）

图 5　耶稣堡的壁画　（徐文鹏摄）

桂的味道，让我总也忍不住想要打个喷嚏。略略油腻的玻璃杯满盛着百香果汁，衔着长长的吸管，不免含着些挑逗自己辘辘饥肠的意味。到达马林迪的第一顿午餐，终于让我感到了久违的一丝亲切。

对于我们这些如侦探般循着蛛丝马迹试图破获一桩桩"历史悬案"的考古工作者来说，马林迪是个"重度嫌犯"。传说早在600多年前，郑和就曾经把中国的物产带到过这个地方，为了表达仰慕或是为了寻求同盟，麻林的国王甚至带着瑞兽麒麟来拜谒永乐帝。但时光总伴随着厚厚的尘土，让真实的场景变成神秘的语境。古史中的记录虽然历历在目，谨慎的人们却不敢再轻易附会。谁也不能确定古籍漫漫长卷中偶尔闪现的"麻林""麻林地"究竟是不是确指马林迪这个地方，只是相对于其他地点，谐音终究聊胜于无，毕竟前贤早已对此考证不少，而在东非海岸普遍发现的中国古代瓷器，倒像是古老记忆证据对我们的召唤。星星之火般的希望，追索被湮灭的先人足迹和探求古帝国航路极限的好奇心，是对我们这一行人的最大诱惑。

从马林迪向北沿一条窄窄而曲折的公路行驶半个小时，左手边起伏的是覆着低矮灌木的小丘，仿佛非洲兄弟头上卷曲的头发乖乖地趴在头顶，右手边随着地势，由山变海，由海变山，直到一片海阔天空的视野升起几缕寂寞的炊烟，便可看到翠蓝若晶体的大洋，岸前一片低矮不齐的房屋——那便是曼布鲁伊。东非海岸线颇多这样的斯瓦希里村落，不过曼布鲁伊村却自有不凡之处。在村北，有一处占地颇广的伊斯兰教墓园（图6），墓园中心是一棵遮天蔽日的大面包树，树下是一根直径约80厘米、高约1.8米的墓柱，柱上周遭镶嵌了明代嘉靖、万历时期的青花瓷盘，柱子上方则镶嵌着明代的龙泉窑大瓷碗，可惜墓柱上的瓷盘仅仅残存嵌在珊瑚石里的底部，凡是能敲下拿走的部分均已不见（图7），或可由此想象中国瓷器在当

图 7　曼布鲁伊柱墓的墓柱上端　（作者摄）

图 6　曼布鲁伊的柱墓区　（作者摄）

地的珍贵，甚至连碎片都让人锱铢必较。于万里之外，见家国之物，怎不让人忽有时空迷离之感？用瓷片装饰墓葬和房屋，似乎是当地的一种习俗，在另外的几次考察中，曾见到有人在房顶贴满了各色中国和欧洲的外销瓷碎片，而当地高级墓葬用珊瑚石垒砌成近于长方体，在墓葬周身划分若干方格，每个方格里原本都有一个中国瓷碗或瓷盘，只是或许中国瓷器原本就是那时的奢侈品，而盗墓之风或许原本就不分国界，日子一久，墓上的瓷器也都被人们取用殆尽了，空留一个个碗盘形状，仿若瞠目而兀自叹息。

曼布鲁伊除了有不凡的柱墓区，传说还拥有东非沿海第二古老的清真寺，当地清真寺的传统是翻修不迁址，所以今日所见虽然早已是整修一新的现代建筑，但建筑之下的地基还真可能是古董。马林迪历史上曾几经兴衰，老城坐落在何处已是谜团，曼布鲁伊如此重要，自然也是"嫌犯"之一，不可轻放。所以我们这些来自中国的考古人就驻扎在东非小村曼布鲁伊，而发掘工作则就在曼布鲁伊和今日马林迪城中择点展开。

近代以来的考古工作是锄头上的舞蹈。确定了工作地点，一番忙碌筹备后，开始雇人帮工发掘。帝国主义把地球搞成了同此凉热，所以城门失火殃及池鱼，经济不景气，自然也波及曼布鲁伊和马林迪。这里男人失业率很高，而七八月份又恰逢伊斯兰教斋月，对于虔诚的穆斯林来说，手头没钱过开斋节那怎么行？正因如此，我们的到来受到了热烈欢迎，毕竟沧海横流，方知谁是朋友，从前郑和携大明帝国的丝瓷宝货而来，赠以相交，现如今我们为寻找郑和遗迹而来，顺便还提供工作机会，解决当地朋友的燃眉之急，中非友谊悠久，原本自非空言。

一行人中有不少留在曼布鲁伊发掘，而我的工作区域却主要是

图 8　达·伽马登陆碑　（作者摄）

在马林迪。今日的马林迪有荒芜的老城区，沿着长弧般的海岸线，亦有被遗忘的城墙被杂乱无章的房屋分割成片段，就连原本确切的营造年代也已经在回想中变得混沌。被隐没的马林迪，没有叙事的困扰，只是沉默在一片宽窄不一的街道和荒野之下。城南的小教堂是 16 世纪葡萄牙人到达不久后所建，倒成了这谜一般的城市里唯一时代可靠明确的遗存。沿着教堂内用礁石铺就的小路，通往立于海边石崖之上的达·伽马登陆纪念碑（图 8），洁白的碑上，十字架仿佛 500 年前基督徒内心的激情，伴随海涛澎湃。极目远眺，海浪清澈，来来往往，宛如无声诉说，然而自然与人类的语言渠道终究相

图9 杰米清真寺柱墓
（作者摄）

隔，或许南辕北辙，徒增思古幽情，却无益于理性的寻找。发掘之余，我跟随肯尼亚学者踏遍老城角落，想要找到旧日马林迪古国的蛛丝马迹，但见老城中各种房屋聚作一团，混淆不堪，从空中俯瞰，老城倒似如今马林迪城中最无序可循的一团乱麻，老城以北的杰米（Jami）清真寺传说可追溯至15世纪，清真寺内一片墓地，两根墓柱至今依然耸立（图9）。拨开一根墓柱下的草丛，我也寻得明代龙泉窑瓷片深嵌其中，碗底尚有花纹，只是幽暗之处，难以细观。偶见草丛中珊瑚石垒砌而起的断壁残垣，挑动着神经里对往日遗迹的敏感，却惜其少而见珍，难以连缀成串。大片模糊的区域，尽是努力回忆时的空茫。

也许马林迪已经不愿再记起塞格朱人的间或骚扰，葡萄牙人的始乱终弃，食人族津巴人的嗜血残忍，谢赫（伊斯兰教长老之意）的喜新厌旧无情抛弃——我们在马林迪某区发掘时就挖到了大量未经埋葬的人骨，有些人骨甚至经过人工的刮削和加工，让人极度怀疑是津巴人所为。而葡萄牙人在占领蒙巴萨后，因为马林迪谢赫有功于葡萄牙，就让马林迪谢赫来管理蒙巴萨，由此更加剧了马林迪的衰落……17世纪以前的一切让回忆里充满了累累伤痕。把伤痕抹去的最好办法，或许只有遗忘，不留下任何回忆的线索与可能，也不许旁人再提及。阳光灼热刺眼，大概百年未变，激情燃烧之后，只剩下黝黑的皮肤和空茫的眼神。看不见的马林迪，看得见的，已经不再是马林迪。

尾声

时光如白驹过隙，发掘几个月，收获不小。在曼布鲁伊挖到中国明代铜钱"永乐通宝"、永宣时期的官窑瓷片、冶铁窑炉、作坊，甚至厕所，而在马林迪挖到早期本地精美陶片以及规模宏大的石质建筑基址。历史问题的解决虽非一日之功，但这一系列重要遗迹遗物的发现，也足以大慰人心。只是历史留下的难题随着材料的增加，往往一谜未解，而众谜又至。

我们奔赴万里之外，试图叩问大地，穿越几百年的距离，一探究竟，却被时间的厚度反复扔入了云里雾里。祖先的触角曾经如此绵长，而往日的辉煌却被轻易地付之一炬（郑和档案因政争被烧毁），连回忆也变得如此艰难。这也许是众多神祇的刻意安排吧，畏惧人类的和平力量，让人类语言不通，让人类为彼此的心灵设置隔阂，让人们有不同的信仰，以至于鸡同鸭讲；更搞得天下大势，合久必分，分久必合——让人们在内耗中挣扎做戏，高高在上的神灵们乐得洞若观火，逍遥自在。只是人性里，总有回归本性的努力，万里迢迢的探寻，也只不过想知道，曾经，我们是否远远地靠近。

郑和船队到过东非吗?

考古项目：肯尼亚沿海地区考古发掘
考古地点：肯尼亚马林迪
相关单位：北京大学考古文博学院、肯尼亚国家博物馆

提起郑和航海，国人的感情相当复杂。或许既包含着自豪，又包含着痛心与不甘。明明达·伽马百年之前，郑和已经完成了规模更大的航海壮举，为何近代以来我们还是落后了？或许正是这一东西方现代化进程现象级的矛盾，使得1905年梁启超先生撰写《祖国大航海家郑和传》一文之后，郑和研究百年来持续受到了海内外各界的关注与热议。明代中期，郑和航海的档案资料因政争而付之一炬，使相关的一些基本问题变得扑朔迷离。哥伦布发现了美洲，达·伽马绕过了好望角，那么郑和最远到达了哪里呢？

目前残留的关于郑和船队航海的几种一手文献，主要有马欢的《瀛涯胜览》、巩珍的《西洋番国志》、费信的《星槎胜览》及《明实录》的相关记录，另外还有十几通石碑（刘家港和长乐的两通最为重要）。这些史料记载的地点既有重合又有不同。如《瀛涯胜览》记载的最远地点是天方国（即今阿拉伯地区）[1]，而《星槎胜览》所记最

---

1 ［明］马欢著，冯承钧校注：《瀛涯胜览校注》，上海：商务印书馆，1935年。

远地点则可到木骨都束（今索马里摩加迪沙）一带[1]。明晚期的文献《郑和航海图》中标注有麻林地、慢八撒等地点，不少学者认为这些地点可达东非赤道以南的肯尼亚马林迪、蒙巴萨[2]。前辈学者对这一问题的研究主要围绕已有的文献资料展开。虽有人大胆提出郑和1421年曾环绕世界的论断[3]，但也有不少学者坚持郑和船队最远可能只到达了阿拉伯地区[4]。在讨论中，东非乃至东南非地区成为探讨中的关键地区。而20世纪90年代以来，"郑和部下后裔"在肯尼亚的发现，更使得东非地区成为关注的焦点。

缘起 —— 远方有国人

1994年，美国专业作家李露晔（Louise Levathes）在长达6年的调查访谈之后，出版了郑和传记——《当中国称霸海上》（*When China Ruled the Seas*）[5]。书中提到，当她在肯尼亚进行实地调查时，一位黑人告诉她，自己是中国人的子孙，是数百年前在肯尼亚沉没的一条中国商船幸存者的后裔。这一情况颇不寻常。口述历史本身虽然在口耳相传的过程中会导致信息的变化和流失，但这些信息原

---

1 [明]费信著，冯承钧校注：《星槎胜览校注》，上海：商务印书馆，1938年。
2 劳费尔（Laufer）、伯希和（Pelliot）、柔克义（Rockhill）、张星烺等人均认为"麻林"就在肯尼亚马林迪。向达认为麻林地是马林迪，参见向达整理：《郑和航海图》，北京：中华书局，1961年。
3 [英]加文·孟席斯著，师研群译：《1421：中国发现世界》，北京：京华出版社，2005年。
4 陈信雄：《郑和船队究竟到过哪些地方》，陈信雄等主编：《郑和下西洋国际学术研讨会论文集》，第259—292页，台北：稻乡出版社，2003年。
5 Louise Levathes, *When China Ruled the Seas: The Treasure Fleet of the Dragon Throne, 1405–1433*, Oxford University Press, 1996, Oxford, New York.

非空穴来风。

1999年,《纽约时报》的记者纪思道（Nicholas D. Kristof）受到李露晔作品的启发，重新探访了肯尼亚，也听闻了同样的故事。在拉穆群岛附近遭遇海难的中国船员游到了岸上，得到了当地人的接纳。他们便定居于此与当地人通婚，留下后人。纪思道由此提出了一个大胆的推论：这些中国船员很有可能是郑和的部下[1]。自此之后，帕泰岛上的居民便被冠以"郑和部下后裔"，名声大噪。

海外记者的这些报道很快引起了中国媒体的关注。2002年起，《人民日报》驻南非记者李新烽先生多次造访肯尼亚拉穆群岛，撰写了大量报道，并在此后出版专著《非洲踏寻郑和路》[2]。在调查中，发现了帕泰岛上西尤村（Siyu）的自称是中国人后裔的沙里大家庭（Mwamaka Sharifu）。此后，肯尼亚的"中国人后裔"受到了社会各界的广泛关注。2005年纪念郑和航海600周年，将此事推向了高潮。基于媒体、民间的各界关注，国务委员陈至立指示，要求学者介入相关研究。2005—2006年，考古专家张葳、秦大树、闫亚林、王光尧等人先后两次赴肯尼亚调研，发现了众多与中国相关的遗迹遗物。在此基础上，2010—2013年，北京大学教授秦大树先生主持了肯尼亚马林迪地区陆上考古和瓷器调研工作，并取得了丰富的成果。这是肯尼亚陆上考古中规模最大的一次。而郑和船队是否到达过东非，这一问题的答案也因这次考古工作显得渐渐清晰。

1　Nicholas D. Kristof, *1492: The Prequel*, New York Times, June 6, 1999.
2　李新烽：《非洲踏寻郑和路》，昆明：晨光出版社，2005年。

发掘 —— 挖一抔故乡皇土

考古队以肯尼亚马林迪地区为核心进行发掘，意在探究中国明代文献中屡屡提及的"麻林""麻林地"。依据 11 世纪阿拉伯人伊德里斯（al-Idrisi）的记载，古代的马林迪位于一条大河的河口地带。今天的马林迪市内的老城遗址和附近的曼布鲁伊遗址正好处于萨巴基河（Sabaki River）河口的等距两端。两地地表至今均存有镶嵌中国明代瓷片的高大柱墓。因此，考古队将考古工作的重点定为曼布鲁伊遗址和马林迪老城遗址，在前者的 12 处地点、后者的 5 处地点进行了考古发掘。两地发掘出土中国宋代至民国瓷片达 1000 片以上，这为古代中国与非洲的早期联系提供了重要证据。

其中 2010 年，笔者所在的考古探方出土了两件可能与郑和航海相关的重要遗物 ——"永乐通宝"和永乐官窑青花瓷片（图 1）。

图 1　永乐官窑青花瓷片　曼布鲁伊遗址出土

2013年，美国考古学者在拉穆群岛的曼达岛又发现了两枚"永乐通宝"铜钱。"永乐通宝"虽然能够给予我们非常丰富而美好的想象，但若细细思索，它们似乎并不能独立承担起证明郑和曾经到达过东非海岸的重任。

作为一种货币，普通人即可获得"永乐通宝"。它既有可能是被郑和携带至东非的，也有可能是被中国民间商人走私而来，还有可能是通过中东商人的中转贸易带来的。相比较而言，永乐官窑青花瓷片则应是郑和船队抵达东非海岸更为有力的证据。

自宋代以来，政府对官窑瓷器的流通就有很多限制。从考古发现来看，宝丰清凉寺汝窑址、杭州老虎洞修内司官窑址、景德镇珠山御窑址均存在落选品和残次品就地打碎掩埋的现象，表明即便瓷器烧坏，也决不允许流入民间。这表明了政府对官窑、御窑的强力控制。《明实录·宣宗实录》和《明实录·英宗实录》中分别记载有太监因"所造御用瓷器多以分馈其同列"而被斩首之事和禁止御窑瓷器馈赠货买的条文。王光尧认为，明成化以前，御用瓷器流落民间的可能性极小[1]。在明代，官窑瓷器主要有四方面用途：宫廷用瓷、王府用瓷、对内赏赐用瓷和外交用瓷。从这四种使用方式来看，基本排除了民间商人携带官窑瓷器至东非的情况。最有可能导致永乐官窑瓷器运抵东非的方式就是外交用瓷，而永乐时期大规模的远航活动唯有郑和航海。郑和船队馈赠官窑瓷器的对象只可能是当地首领或政要。虽然我们不能完全排除中国明代官窑瓷器作为礼品在中东、东非之间转手的可能性，但是明初官窑瓷器在曼布鲁伊遗址的发现，作为物质证据，大大提升了郑和船队曾经抵达东非的可能性。

1　王光尧：《明代宫廷陶瓷史》，北京：紫禁城出版社，2010年。

图2　明初龙泉窑盘　乌瓜纳遗址出土

值得注意的是，明初官窑瓷器在肯尼亚沿海地区的发现并非孤例。在瓷器调研中，秦大树先生等人发现，在距离马林迪不远的格迪古城遗址、塔纳河古河口的乌瓜纳（Ungwana）遗址均发现有明初龙泉官窑瓷器（图2）。众多官窑瓷器、瓷片的发现，为郑和船队抵达东非的物质证据增添了颇具分量的砝码。

郑和航海是中国探索海外世界的一次高潮。实际上，从唐代晚期开始，就有大量以陶瓷为代表的中国商品抵达了东非海岸。这一情形相沿近千年。在此背后，可能更值得关注的问题是，中国人和他们的商品给当地社会带来了什么样的改变？又有什么样的影响呢？

中心 —— 仰望 CHINA

东非沿海的柱墓是当地特有的墓葬形式,这些柱墓上往往存在很多小龛,用以镶嵌来自中国和阿拉伯地区的陶瓷产品。这一现象为考古工作提供了线索,又成为我们思考中国瓷器在东非社会功能的起点。

在东非出土的主要中国瓷器种类是碗盘,其原本的功能是用于餐饮。与东非当地生产的陶器乃至进口的伊斯兰釉陶相比,中国瓷器的精美有目共睹。这种精美延展并突破了它原有的实用功能。在东非沿海传统的斯瓦希里房屋中,往往有一面布满壁龛的墙(图3)。

图3 拉穆房屋博物馆展示的传统斯瓦希里房屋

墙体每个龛中会陈设一件来自海外的精美器物。中国瓷器往往占据了多半的墙面空间。为什么要展示中国瓷器呢？

东非海岸地区是非洲大陆与外界沟通的重要窗口，当地商业活动十分发达，社会中的上流阶层常常从事商业贸易。海外商人如果想在东非沿海港口开展贸易，必须在当地寻找合作者。当地人希望与海外商人合作来赚取利润。根据14世纪摩洛哥旅行家伊本·白图泰的游记我们可知，在当时的东非海岸，外来商船靠岸时，总会有当地名流的仆从携带着食物邀请海外商人去家中做客。在做客的过程中，壁龛中的中国瓷器被视为显示主人财富的象征物。同时，主人会在待客时特意使用中国瓷器，表达主人对客人的重视。这一过程表明，中国瓷器作为财富与地位的象征，是当地商业贸易过程中的重要道具，甚至具有礼仪性的功能。

在柱墓上开壁龛镶嵌中国瓷器和伊斯兰釉陶，部分应是来自房屋展示壁龛的启发。除了柱墓的四周壁面，墓柱的顶端或高处往往也装饰有中国瓷器（图4）。这就形成了仰视视角。从视觉空间的"高"，表明了柱墓和中国瓷器使用阶层的"高"。这似乎更能说明中国瓷器的地位。从平面位置来看，高大的柱墓往往与高规格的星期五清真寺毗邻，是整个聚落空间的核心。从聚落平面空间的安排，到柱墓立体空间的营建，似乎都意在突出柱墓墓主人的中心地位。永乐官窑青花瓷片，正出土于马林迪区域（包括格迪遗址、马林迪老城遗址和曼布鲁伊遗址）规模最大的柱墓附近几米处。它很可能原本就镶嵌在柱墓上。另外，柱墓附近区域也是中国瓷片出土数量最多的区域。柱墓规模与瓷片规格、数量如此相称，似乎表明当地居民完全了解这件瓷器的等级和柱墓墓主人的地位，而将大量瓷器、甚至高级瓷器用于柱墓之上应正是对墓主人权力、地位或财富的认定和标榜。

图 4　曼布鲁伊遗址的墓柱（断裂，原高约 8 米）

房屋和柱墓的例子表明，中国瓷器深入参与了当地商业活动的完成、社会等级的标识等过程，大大延展并突破了原有的餐饮功能，在当地社会中，是财富与权力的象征。从此层面来看，中国陶瓷使东非沿海聚落社会平添一份来自东方的情趣与亮彩。

结语

郑和是中国向海外探索的杰出代表。从长时段的历史来看，他只是众多深具开拓精神的中国人中更为突出的一个。从考古发现来看，以陶瓷为代表的中国产品，早在唐代就已经远达非洲，并深入参与当地人的生活，在物与人的互动中，获取了新的文化内涵，并改变和改善了消费地人群生活质量、生活习惯与生活方式，甚至在当地的等级制度和关键性活动中发挥作用。

明初官窑产品，为我们研究郑和提供了有力的证据。但当原有谜题的浓雾渐渐散去，或许更值得追问的是，到达远方究竟为了什么？究竟最终改变了什么？中国陶瓷，凝立于万里之外异乡柱墓的顶端，为东非沿海人群的生活增加新的可能与色彩，参与着东非沿海聚落的兴衰。500年后，我们又来到它们面前，聆听它们无声的诉说，初衷未改。

（本文图1、图2来自秦大树：《肯尼亚出土中国瓷器的初步观察》，图3、图4为作者拍摄）

延展阅读:

秦大树:《肯尼亚出土中国瓷器的初步观察》,秦大树、袁旟主编:《2011古丝绸之路——亚洲跨文化交流与文化遗产国际学术研讨会论文集》,第61—82页,新加坡:八方文化创作室,2013年。

丁雨:《中国瓷器与东非柱墓》,《故宫博物院院刊》2017年第5期。

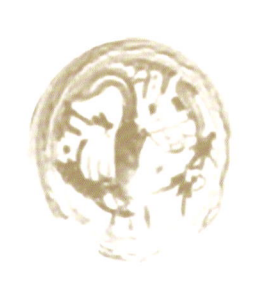

打开时间胶囊

展览名称：浮槎万里 —— 中国古代陶瓷海上贸易展
展览地点：北京·中国国家博物馆
展览时间：2020年9月4日—2020年12月4日

孔子说，道不行，乘桴浮于海。对于圣人这个应对"失业"的选择，后世尊崇他的知识分子们却没什么热烈的响应。历史学者曲柄睿曾有研究，与登船入海相比，难以施展抱负的知识精英们更愿意隐居山林。植根于西方内陆的秦汉帝国，对于从前对手方的东方齐鲁文化，多少还是有些鄙夷压制。而大一统初期的许多政治、文化传统影响巨大，又直接影响了当时和后来知识精英们在历史书写中的选择，这致使如今的历史文献中，我国海洋史相关的信息颇为稀少。任何阶层都会有其认知的盲点，但历史的书写并不总是依靠文字。中国国家博物馆最近的新展"浮槎万里 —— 中国古代陶瓷海上贸易展"（图1），便试图用沉寂海底千年的幸存物告诉我们，那片被庙堂中人忽视的海洋，曾有过的热闹和辉煌。

陶瓷可能并不是中国古代海上贸易中最大宗的产品。从各方面线索来看，丝绸、茶叶货值货量可能都比陶瓷要大。不过，与丝绸、茶叶相比，陶瓷可能更难以为自然界所"消化"，由此成为上天选中的一类穿越时间隧道的证据。中国的海上丝绸之路在秦汉之际便已成形，不过那时候，

图1 "浮槎万里"展览入口展板

中国陶瓷的生产尚未成熟，不足以在国际贸易中赢得一席之地。至唐代，中国陶瓷生产"南青北白"的格局成形，冰清玉洁的越窑青瓷和类银似雪的邢窑白瓷，在世界范围内独树一帜，成为具有市场竞争力的尖货，由此打开了国际市场的局面，开启了中国陶瓷独步天下的历史历程。

沉船被称为"时间胶囊"。所有沉船，仿佛被时间冷冻冰封，所有的从前被凝固在沉没的那一刻，留给未来的发现者以一个静态的时间剖面。其鲜明的时间属性，使得其成为研究古代海上贸易最重要的材料之一。"浮槎万里"展最大的特色，便在于其展品和比对材料基本均来自沉船。在由一艘艘沉船制成的时间切片面前，由陶瓷织就的中国对外贸易历史的起承转合，若隐若现。

"四分天下"

秦大树等学者认为,在 9—10 世纪,即晚唐至宋初阶段,出现了中国外销瓷器的第一个高峰。从现有资料来看,这一高峰最突出的表现可能并不在于输出瓷器的数量或出海船只的频率,而在于中国外销商品的范围较秦汉时期明显扩大、陶瓷制品种类异常丰富。秦汉时期海路最远或可至中东,至晚唐至宋初,中国的陶瓷则可远达东非沿海,其商品影响范围明显发生了质的飞跃。而南海沿岸各国及环印度洋各国沿海出土的中国陶瓷,又构成了斑斓的图景。黑石号沉船、印坦沉船、井里汶沉船出水的中国陶瓷比例最能说明问题。黑石号沉船的年代约在 9 世纪中叶,其出水文物 67000 余件,其中长沙窑瓷器 56500 余件,越窑青瓷 250 件,白瓷约 300 件。五代时期的印坦沉船出水中国陶瓷 7000 余件,其中广东青瓷占比约66%,越窑青瓷占比约 30%。五代宋初的井里汶沉船出水中国陶瓷约 30 万件,绝大多数为越窑青瓷。从以上数据中便可看出,长沙窑瓷器(图2)、越窑青瓷(图3)、广东青瓷、北方白瓷(图4),实为当时中国外销瓷中的主要种类。研究者常称之为"四组合"。

实际上,从较为宏观的视角来看,四组合的"组合方式"并不固定,其很有可能并非在整个晚唐至宋初时期"均分天下",倒更有可能既存在着轮流坐庄的情况,亦存在着不同的市场偏好。如将沉船与窑址生产、海外沿海各地出土遗物情况结合起来可知,长沙窑瓷器的海外畅销时代可能要比著名的越窑青瓷略早,北方白瓷所占的比例始终无法比肩中国东南沿海各地出产的产品比例,但其却可

图 2　长沙窑青釉褐斑贴塑执壶

图 3　越窑青釉玉璧底碗

图 4　邢窑白釉玉璧底碗

能属于某类奢侈品。而越窑青瓷一出，在很长一段时间里，无人与之争锋。

晚唐至宋初中国外销瓷的高峰，在某种程度上代表了中国当时整体对外海上贸易的发达。值得注意的是，这一高峰，正发生在中国藩镇割据、军阀混战的分裂时期，这一时期，亦是安史之乱之后，中国大规模人口南迁、经济重心南移的重要时期。在大量人口涌入的情况下，在你死我活竞争态势下，地方政权们为了扩充财源，大概也便不必像从前的中央王朝那般矜持。山河湖海，当然要各显神通。而走出去，走向未知的惊涛骇浪，正代表着一种置之死地而后生的冒险精神和绝望努力。

"山寨"得利

在晚唐至宋初的高峰之后，外销瓷贸易一度陷入沉寂。据新加坡学者戴柔星统计，文献中从公元995—1071年没有市舶记录，而东南亚重要的转口贸易古国室利佛逝在此期间有50年没有进贡。而与此时段相涉的考古资料也极薄弱。事至南宋为之一变。大概仓皇南逃的南宋政权也感受到了五代时期南方各国的财政压力，对外贸易政策相对宽松，鼓励民间商人出海。葛金芳、黄纯艳等学者推测南宋时期，东南沿海常年有10万人涉足外贸，而对外贸易的海船总数估计有七八万艘。来自北方草原的蒙古人对海洋怀有雄心，在征服南宋后，其几乎全盘接受了南宋的海洋遗产，以更加积极的姿态参与海外贸易。正因如此，南宋至元代，中国陶瓷外销迎来了一个新的高峰。

宋元时期中国的陶瓷格局是百花齐放，众多名窑层出不穷，后人常将这一时期的陶瓷生产总结为五大名窑、八大窑系。"五大名窑"的归纳着眼于宫廷趣味，八大窑系的总结偏重于瓷器面貌，这些取向并非海外市场的消费标准。在经济活动的运行准则中，对成本的考虑在很多时候都是对文化审美的选择，从这个意义上讲，东南地区的窑场显然更具优势。当时，在南方地区最具影响力的陶瓷产品一是龙泉窑的青瓷（图5），二是景德镇生产的青白瓷（图6）。此时期的这两类产品可以说代表了中国陶瓷史上的两座巅峰，也确实

图5　龙泉窑青釉菱花口折沿大盘（残）

图6　景德镇窑青白釉印花盘

给海外市场的消费倾向奠定了基调。尽管如此，景德镇和龙泉的生产者和经销商，却未必在所有的海外市场都占有优势。比如，从不少沉船的出水商品可以看出，在东南亚地区，真正制霸海外市场的，很可能是福建的山寨产品，而福建山寨的对象，正是龙泉窑的青瓷和景德镇的青白瓷。福建窑场因邻近宋元时期的国际大港泉州港，市场嗅觉敏锐，其瓷器生产可谓顺势而行、随风飘摇，龙泉青瓷盛行仿龙泉，青白瓷盛行则仿青白，虽然质量略逊，但是迷惑没怎么见过好瓷器的外国人，足够了。南宋中晚期南海Ⅰ号沉船出水的瓷器比例大致可见此一斑。1998—2004年南海Ⅰ号沉船共出水陶瓷3402件（组），其中龙泉青瓷410件，景德镇青白瓷233件，却有福建闽清义窑的青白瓷1143件、青瓷409件（南海Ⅰ号出土陶瓷总量约18万件，此为阶段性工作抽样统计结果）。当然，福建也并非尽皆是高仿品，但很明显，高仿品所占比例极重，有着极具想象力的利润空间。

在海外市场中，东南亚是距离中国较近的市场。一旦越过马六甲海峡，福建高仿品的影响力明显下降，在中东、东非等远端市场，高质量的龙泉青瓷才是笑到最远方的。龙泉青瓷在南宋至元代先后达到了产品质量和生产规模的最高峰，是中国2000年青瓷生产的集大成者，代表了最浓厚的东方陶瓷生产传统。从这个意义上讲，无论是真品还是仿品，其在西太平洋和环印度洋地区的传播，都代表了中国传统青瓷文化与审美影响力的扩张，代表了中国文化对世界各地区文化的深度参与。

青花瓷的见证

青花瓷生产的兴起，至今仍是争讼不休的议题。不过，这一产品是在复杂历史过程中中西文化因素结合的产物，这却无可争辩。换句话说，青花瓷生来便是一种具有世界多元基因的产品，因此，它回归于世界，不过是时间早晚问题。

从海内外的发现来看，元代青花瓷（图7）已经销往海外，不过所占比例不高，在规模上远无法与龙泉青瓷媲美，但从生产质量上来看，其出道即在巅峰，且之后就生活在巅峰上。青花瓷真正摆脱龙泉老大哥的阴影，要到元青花出现的100多年后，明代中期，随着龙泉窑的衰落和景德镇窑的持续繁荣，青花瓷（图8）在规模上也超过了龙泉青瓷，成为中国外销瓷的新代表。

青花瓷的故事广为流传，似不必一再重复。但青花瓷外销，所面临的国际贸易形势，却远比前两个时期更为复杂。明清时期长期施行海禁政策和朝贡贸易，这对中国对外贸易似乎相当不利，但偏偏1498年之后，是欧洲进入世界主流体系，全球化加速、海外贸易兴盛的时期。从青花瓷的崛起来看，人类交流的愿望，拦是拦不住的，就算是强势的朱元璋也拦不住。不过，人力的阻拦，倒确实产生了一些特殊的现象。

明朝虽然实施海禁，但是却留下了一道口子——朝贡制度与朝贡贸易。海外各国可以通过朝贡的办法与明朝政府建立联系，进行贸易。这一政策产生的实际效果，是对中外贸易进行了渠道限制，而拥有渠道特权的某些势力，便在这一过程中迅速崛起。最为典型的案例实为琉球。在与中国交往的众多政权中，琉球原本微不足道，但偏偏其在海禁中抓住机会，频频来华朝贡，借机大肆搜购中国产

图 7　景德镇窑青花莲池鸳鸯纹菱花口折沿盘

图 8　景德镇窑青花开光飞蝶花卉纹盘

品，然后转手卖到其他地区，大获其利。也正是明朝这一政策，使得琉球在明早中期贸易地位急剧上升。但随着海禁政策日益废弛，琉球的重要性便也日益下降，待得葡萄牙人进驻澳门、隆庆开海，琉球的地位便一落千丈，最终为日本吞并。琉球首里城中出土的中国陶瓷，从明初到明末，数量一降再降，与国际陶瓷贸易局势刚好相反，或正印证了这一特殊的历史过程。

结语

中国瓷器外销历史的沉浮变幻，是一种人类交流渴望的隐喻。把自己交付给远方，把目光投向彼岸，这些深层的渴望，并非强权者所能阻隔。中国散布在全球的瓷器告诉我们，全球化的沟通和努力，并非始于1492年的哥伦布，也并非始于1498年的达·伽马——若把目光放远一些，从人类走出非洲开始，这种努力便从未停止。孤帆远影，是在回归故土，是想要构建故土，是想要认识这世界的全部，也是想要让百万年前失散已久的兄弟们看看，我们用故乡的一抔土，造出了怎样的繁华。

延展阅读：

秦大树：《中国古代陶瓷外销的第一个高峰——9—10世纪陶瓷外销的规模和特点》，《故宫博物院院刊》2013年第5期。

在沉默深海　寻找致远舰

展览名称：寻找致远舰 —— 2015 年度全国十大考古新发现
展览地点：北京·北京大学赛克勒考古与艺术博物馆
展览时间：2017 年 5 月 31 日—2017 年 9 月 10 日

　　甲午战争是中国人最痛的记忆之一。中国在战争中的惨败，让世界看清了东方巨龙的孱弱，战后赔款让日本实力大增，也揭开了此后数十年间日本对中国步步蚕食的序幕。在这场百年前的两国较量中，史书中的致远舰宛如一颗不灭的星辰，凝聚并闪烁着种种针锋相对的矛盾，以及背后因果链条摩擦交错而成的光点 —— 它的沉没是国人沉痛郁结的焦点。

　　120 年后，2014 年，又是一个甲午年，中国考古工作者在水下考古调查中，意外地发现了这艘战舰的遗骸，并开展了考古打捞工作。2016 年，致远舰的打捞发掘工作入选 "2015 年度全国十大考古新发现"，2017 年 5 月，北京大学赛克勒考古与艺术博物馆联合多家单位，推出 "寻找致远舰" 展览（图1），展示了致远舰考古的成果，意图带我们重寻那个硝烟弥漫的战场，感受那个危机重重的时代。

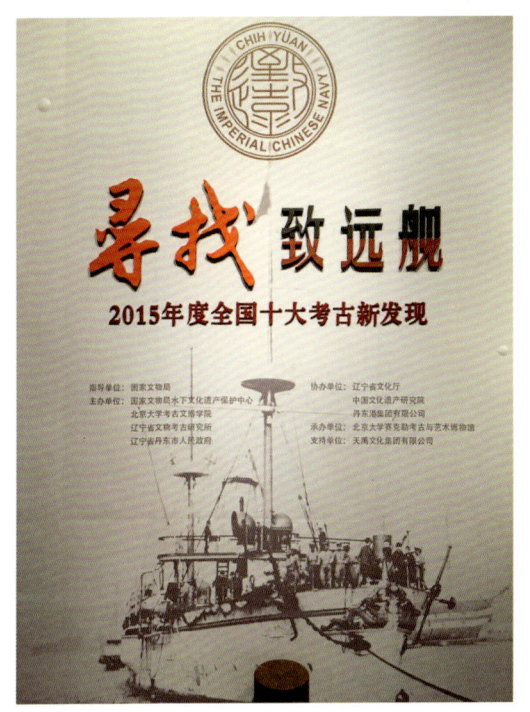

图1 "寻找致远舰"展览海报

破浪乘风觅旧波 —— 发现致远舰

展览的入口即模拟出战舰舷窗,意在引导观众浸入展览主题。展览以一组我们最为熟悉的展品作为展示的开端:教科书中甲午战争的章节、电影《一八九四·甲午大海战》海报(图2)、电影《甲午风云》DVD光碟、甲午战争主题扑克牌,还有黄海海战各艘战舰的拼装模型等。这样的展品安排,唤起了众多观众对于甲午战争的个体经验与记忆,让观众为进入真正的展览做好了热身。同时,这样的手法,尚

图 2
展出的《一八九四·甲午大海战》海报

能隐隐透出多层深意。它们既暗含着百年前激烈战斗的结局与余绪，也透露出当下对致远舰的通行叙事；它们既包含着对史实的追溯，同样也蕴藏了现今人们的演绎与想象。这样的铺垫，为后续展览内容"破旧立新"、回归现场埋下了伏笔。序厅背后，巨大的展板上绘制出甲午战争的时间轴线，轴线上的时间节点，带我们一同温习曾经熟悉的历史叙述，让我们"浸入"黄海激战和致远舰所在的宏大历史背景之中（图3）。

展览的第一单元，暂时地将我们从甲午战争中抽离，回归到对展览所展示的文物本体来源的关注上。近30年来，我国水下考古工作蓬勃发展，这本身就是对120余年前那场战争中中国海权尽失的屈辱历史最好的回应。1894—1954年，第一番甲子轮回中，中国人历经

图3 展厅里的甲午战争时间轴展板

铁血抗争，让中国海域重回宁静；1954—2014年，第二番甲子轮回中，中国人继续努力奋斗，让自己不仅有实力维护海波宁静，更有力量探索和重新认识自己的历史。致远舰的水下考古工作，使用了我国第一艘自主设计研发的专业水下考古船"中国考古01号"作为工作母船。同一片海域和空间，不平静的战争与平静的考古打捞，被击沉于自家海域门口的船只与今天扬帆海面的自主设计的考古船只，都构成了令人唏嘘的古今对比。

2013年，为配合丹东港海洋红港区基础建设项目，国家文物局水下文化遗产保护中心会同辽宁省文物考古研究所展开了对甲午海战交战海区的水下考古调查。百廿年前那场激战中，北洋水师共损失"致远""经远""扬威""超勇""广甲"5艘军舰。其中"广甲""扬威"

之前位置便很明确，此次考古调查试图寻找另外几艘甲午沉船。经过多种物探设备的勘探，在丹东附近海域发现一处沉船遗址，据地域命名为"丹东一号"沉船。这艘沉船的铁板材质与19世纪欧洲造船的材质吻合，同时有机枪、炮管等武器，可判断为北洋水师军舰。经过水下考古工作，共清理出水180余件文物，其中有多件写有"致远"字样，根据船体时代、沉没位置、出土文物等多重证据判断，可以认定此船就是赫赫有名的北洋水师致远舰残骸。

展览的第一单元"重整河山"，主要展示了中国水下考古的发展历程和工作方法。天花板上一道蓝光，将整个展厅笼罩，为观众营造出置身水底的错觉。展墙之上水下考古队员的照片排列成"远"字（图4），并配合以水下考古视频影像，这让原本略有距离感的水下考古活动扎实落地于具体的人物形象之中。众多水下考古装备的陈列，则令人切实感受到了这一工作的严密与真实。正是这些人与物，构建了我们重新触摸致远舰的起点。

折戟沉沙铁未销
——你所知道和不知道的致远舰

人人都知致远舰，可它究竟是一艘什么样的战舰呢？展览的第二单元"铁甲无声"，带着我们一起走近了致远舰的本体。

这艘建成于1886年的中国战舰，绝非中国吏治腐败之下闭门造车的残次品，而是清政府耗费80多万两白银的巨资订购的"高洋上"的进口货。它的制造商是英国的阿姆斯特朗兵工厂，而这个工厂后来也为日本生产了致远舰在海战中意欲撞沉的日舰吉野号。其实中方参

图 4　水下考古队员照片拼成的"远"字

战的"超勇""扬威""靖远"等舰，日方的浪速号、高千穗号，也都是此家工厂生产的。从这个角度看，北洋水师的船舰至少在建造之初与日本战舰处于同一起跑线上。而作为防护巡洋舰的致远舰，又是北洋海军中航速最大的大型军舰。从展览中的历史照片来看（图5），致远舰等一干战舰建成之后颇具声势，很让中国近代海军的创始人李鸿章感到骄傲，他1891年、1894年两次检阅北洋海军，感觉渤海门户已经"深固不摇"。实际上，这种感觉不能说完全是李鸿章的错觉，

1887年
洲际远航

1887年，清政府派海军官兵赴欧洲接收所订造的新式军舰，"致远"舰由邓世昌担任舰长，各舰历经洲际远航，于同年12月10日在福建厦门与前来迎候的北洋水师舰队会合，正式入队服役。

图5　致远舰初建成时照片

即便是日本人，对北洋水师的军舰硬件也评价不低。1891年，丁汝昌曾率"定远""镇远""致远"等6艘北洋军舰造访日本，当时就在日本引起了震动。日本近代启蒙思想家福泽谕吉在《时事新报》撰文感叹中国战舰巨大，装备完善。日本人甚至将北洋军舰视为"东洋巨擘"，在进行侵略计划之时，自感自家海军力量相形见绌。

当年的致远舰初成下水，迎着掠过大西洋和印度洋的风，一路威风凛凛来到中国。然而不出10年，战火硝烟之中，它粉身碎骨沉入海底。现如今，展板上描摹出它的轮廓，"舷窗"里透露着曾经的雄姿，然而展柜中，我们却只能看到锈迹斑斑的零件开关、残破船体。精心绘制的考古线图，只能描画百年来它在海底散落的残骸。这一切，都让人不得不忆起那场惨烈的战役。

1894年9月17日，在日本攻下朝鲜平壤之后的第三天，日本舰队在鸭绿江口大东沟附近集结，拟挑起战斗。上午11时，北洋舰队发现日本舰队，丁汝昌下令备战。至中午12点50分，双方交火，大战开始。战斗开始不久，丁汝昌座舰"定远"因年久失修，舰桥为大炮震塌，丁汝昌负伤，用于指挥的信旗被毁。虽然丁汝昌坚持督战，但是整个舰队一时间群龙无首，渐落下风，"超勇"被日舰击沉，"扬威"重伤。北洋舰队队形混乱，又遭敌舰前后夹击。致远舰在战斗中身负重伤，舰体倾斜。此时，海战中最为悲壮的一幕发生了，管带邓世昌下令以致远残躯撞沉日舰"吉野"，欲与之同归于尽，不幸为鱼雷所中，全舰官兵200多人壮烈牺牲。甲午海战持续至下午5点，双方各自退出战斗，中方损失惨重，5舰沉没，死伤千余人。日方5舰重伤，死伤数百人。日军由此掌握了黄海制海权。

关于这场战斗，教科书、文学作品、影视作品中的刻画屡见不鲜。然而文字的表述不免缺少具象的震撼，而镜头的拍摄又受限于取景框，难得全景。展览"龙血玄黄"单元展示的海战场景复原模型，给了我们全景审视海战的上帝视角（图6）。双方24艘战舰配以各类特效——如战损、弹痕、血迹、浪花、水柱等，全部由策展人员手工制作完成，场景逼真，令人震撼。尤为令人印象深刻的细节，是战船中弹后冒起的浓烟，惟妙惟肖，细看则实际是用棉花制成。致远舰与吉野号对峙的场景模型，被特别放置在独立展柜中。但见致远舰周遭水花四起，舰冒浓烟，模型静止无声之处，却自有一番无可奈何、孤注一掷的悲壮豪情（图7）。

图 6　海战场景复原模型

图 7　致远舰与吉野号对峙的场景模型

致远舰沉没的那天，恰是管带邓世昌45岁的生日。他的生命与200多名战士一起，在那天定格。战斗残酷无情，历史不容微尘，大时代中的个体生命，在历史的车轮中被轻易碾碎。但却是那些生命，让致远舰曾经有温度地存在过。在正统历史的叙述中，这些个体的生命虽然在特定的历史事件中交汇，最终被宏大特定的历史事件所定义，但实际上，他们也各自拥有过不同的世界和生命轨迹。水下考古工作对遗物无差别的全面收集，让我们有可能看到那些小人物的世界。展览中列出了今天我们能够知道的那些将士名单。作为符号的名字，让我们想象不出他们的面庞和性格，但碗盘杯碟、灯座挂钩，这些近乎琐碎的发现，却让我们有可能接近他们的体温。他们用过的西洋瓷器餐盘也书写着"致远"的名字，想必这威武的战舰满船的洋货，既让他们欣喜，也曾让他们自豪。铭刻着"云中白鹤"的印章(图8)，或许正透露着谁的自我期盼。"岂曰无衣，与子同袍"，战士们的血百年来在海波中早已涤荡清明，只在这些零碎的物件中留下些许音容的念想。伴随沉潜海底的冰冷船体，传唱出阵阵波浪回响。

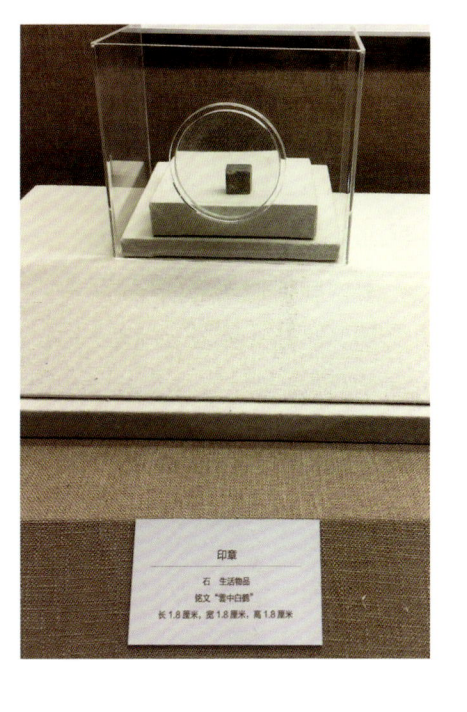

图8 "云中白鹤"印章

千秋功罪谁评说 —— 历史的镜像

甲午战争的失败如此沉痛，百年来，国人从未停止思索这场战争的教训。如前所述，中方的武器装备并不落后于日本，甚至还有一定优势；北洋舰队的训练似也相当严格。特别值得注意的是，北洋海军1888年成军，舰队联合操练已达6年以上，而日本海军联合舰队在黄海海战前6天才刚刚编成。从实战操练角度来讲，日军并不占优。可以说，30年洋务运动打造的北洋水师，在软件和硬件方面都臻于亚洲一流水平。可为何在实战之中，却如此不堪一击？

实际上，在开战之前，国际主流舆论并不看好日本。战前法国人说，亚洲掌握在俄国、英国、中国三大强国手中。德国一家报纸认为，日本的举动是以卵击石。就连日本自己也做好了战胜和战败两手准备。因此，甲午战争之后，国际舆论大哗，中国的虚弱再难掩饰，日本一跃而成东方强国。日本的崛起甚至引起了欧洲对于"黄祸"的担忧，担心东亚各国在日本的带领下成为欧洲的威胁。

英国驻华公使欧格纳在战前的评论，或道出了战争结局的关键：中国军队虽然在数量上占有优势，但在训练和管理方面远不及日本；中国当局无远见并缺乏军事知识，恐会面临海军舰队摧毁的危险。北洋水师在威海卫战役中全军覆没，让欧格纳的预言不幸成真。而他的评论却也切中时弊。

慈禧当政，意欲修园为己贺寿。围绕着最高权力执掌者毫无远见的欲望，聪明绝顶的政坛众人展开了一场龙争虎斗。光绪帝的生父、总理海军事务大臣奕譞为避慈禧猜忌，一反反对挪海军军费修园立场，积极主张修园；海军的创建者李鸿章出于对自身政治地位的忧虑和对军事形势的误判，亦更改立场，将海军经费拱手相让。而李鸿章的政敌翁同龢则将北洋水师视作李鸿章的资历资本，亦停支海军购置费两年。围绕着权力斗争，清廷主战主和派说辞不一，倒是行动一致，一同"配合"日军削弱海军。

朝廷内部倾轧斗争已然要命，奈何官场腐败又传染了军队。北洋水师训练苦则苦矣，然而水师基地刘公岛上，却是"黄赌毒"俱全。北洋舰队访日期间，甚至还有兵士上岸于妓院寻衅滋事。军队内部腐化堕落至于斯，虽有如邓世昌、林永升等正直军官，洁身自好已属不易，终究难改整个军队的风气。

中国当年的失败，原因何止这些？居安思危，痛定思痛，战争带给我们的思考从未停止。春秋史书之上，前人用血泪书写的事实，值得我们认真地继续反思并书写下去。

结语

致远舰遗物重见天日，已换了人间。120年前的抗争，让它陷入了长久的沉睡。在它再一次睁开眼睛的时候，曾经的独立之梦、强国之梦，只在眼前。宁静岁月中，致远舰铁甲残骨安然再现于静谧的博物馆中。大炮冷却，加特林枪沉默，当日的喧嚣与火热，却宛如眼前耳边——那是持续了两个甲子的呼唤，那是矢志不忘的悲愤与沉潜（图9）。

（本文图片均由作者摄自展览现场）

图 9 "铁甲无声"单元展厅布置

延展阅读：

国家文物局考古研究中心、辽宁省文物考古研究院编著：《致远舰水下考古调查报告》，北京：科学出版社，2023年。

四 考古滋味

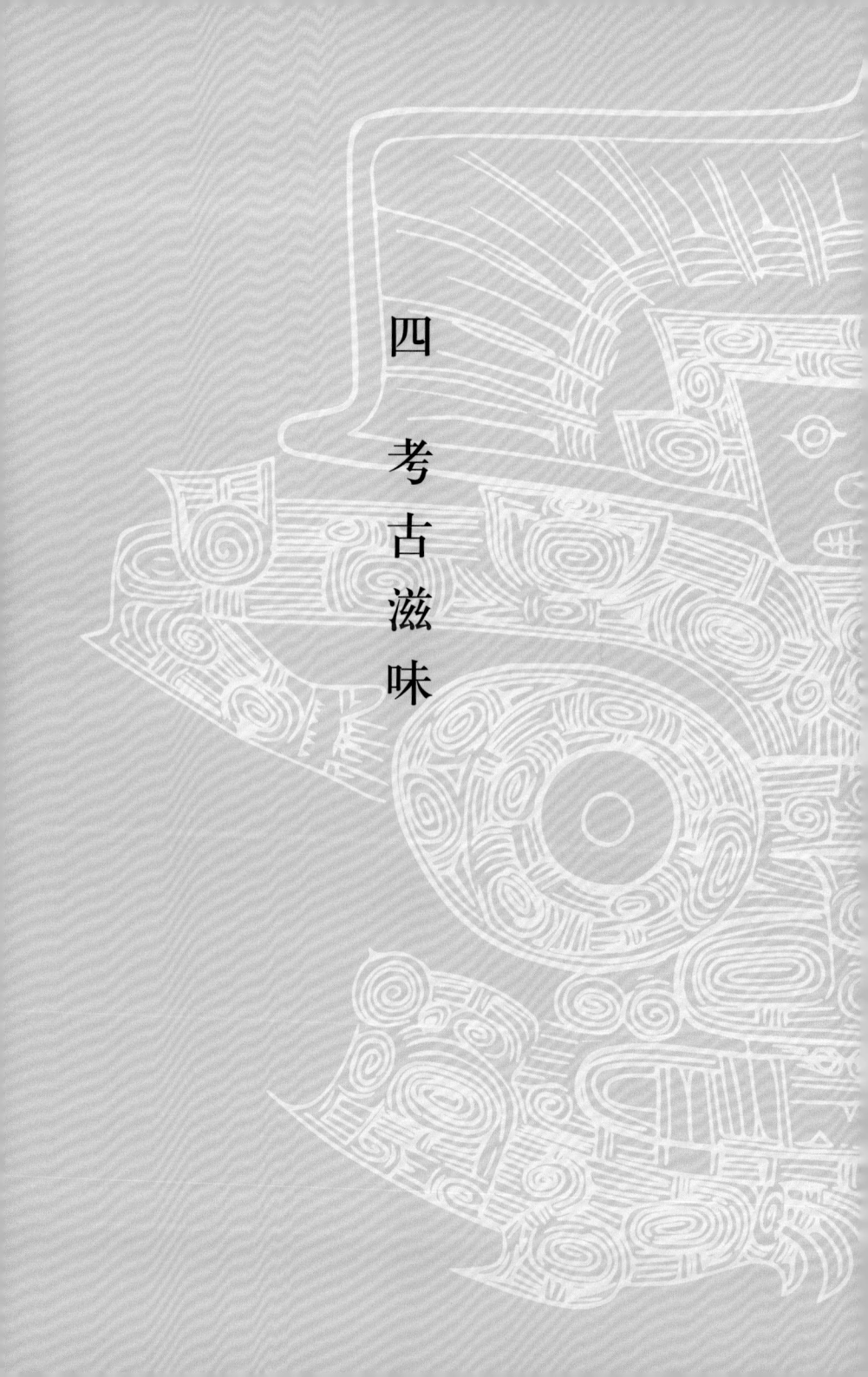

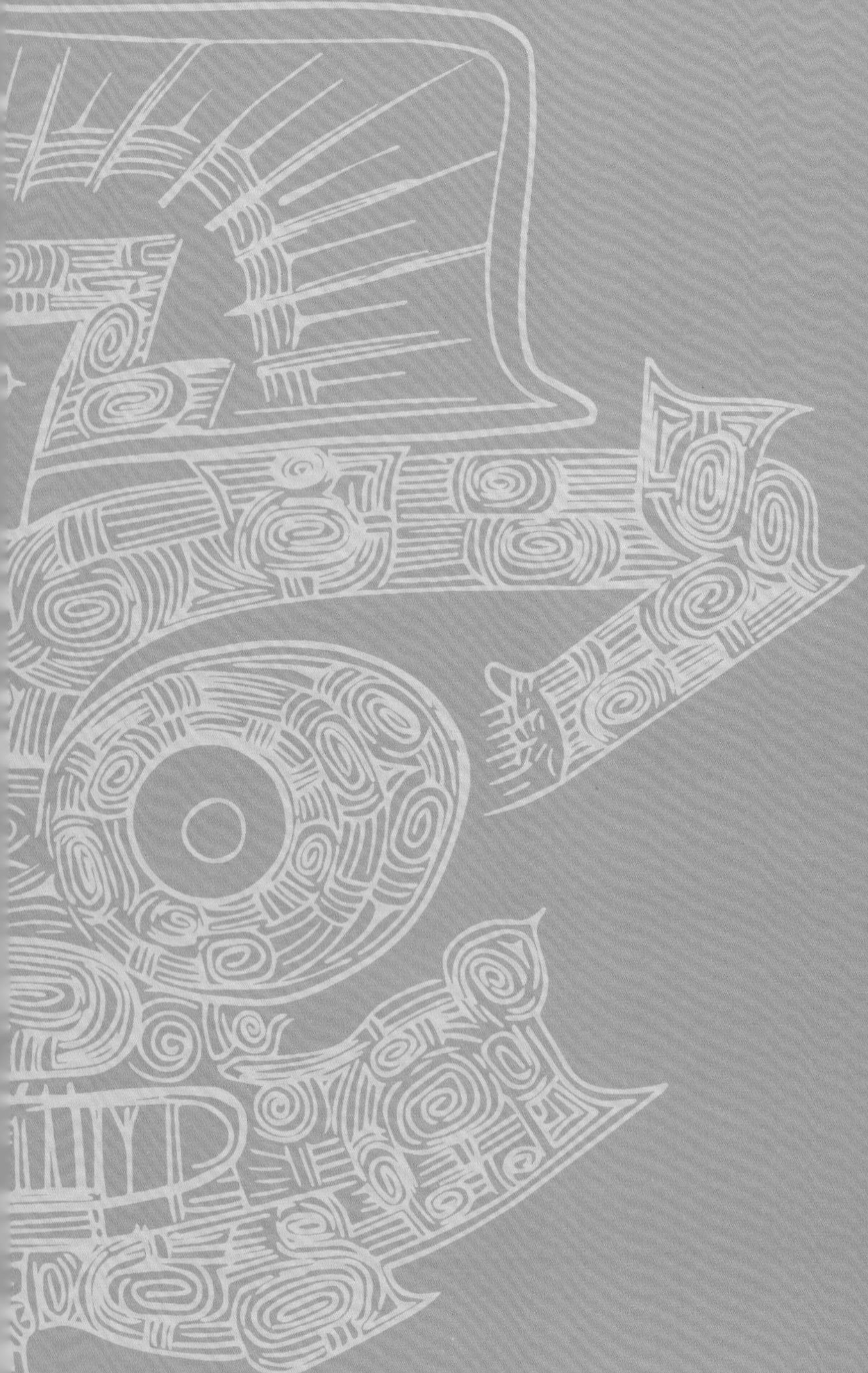

北大寻真展　半部考古史

展览名称：寻真 —— 北京大学考古教学与科研成果展
展览地点：北京·北京大学赛克勒考古与艺术博物馆
展览时间：2018 年 4 月 28 日—2018 年 10 月 15 日

为纪念北京大学百廿校庆，"寻真 —— 北京大学考古教学与科研成果展"于 2018 年 4 月 28 日开展（图 1）。展览主副标题的应和既一目了然，又耐人寻味：需要"寻真"，表明原有的历史有所疑、有所惑，需要以考古来求索。那么"寻"是过程，"真"是目标。在近百年的

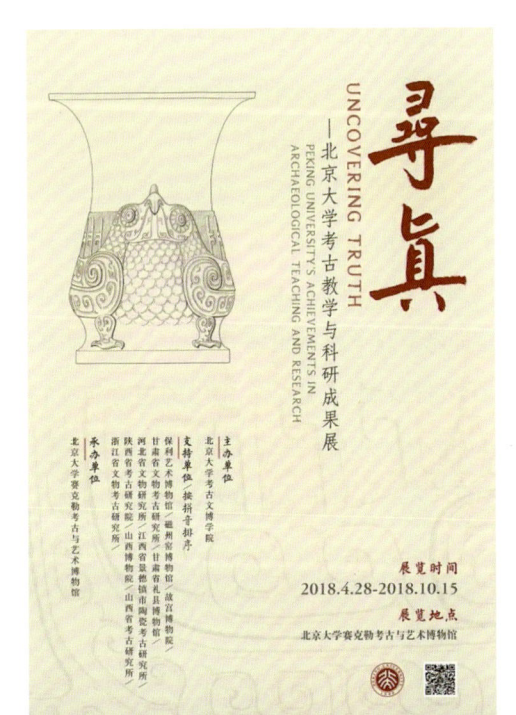

图 1　"寻真"展览海报

时间中，北大考古究竟如何"寻"，所"寻"之"真"到底是何样貌，令人好奇。

纵览展览单元标题，展览主体部分仍是以时间为序，将中国历史分为旧石器时代、新石器时代、夏商周时代、秦汉唐时代、宋元明时代等5个时段布设展线，循规蹈矩。但每一单元之下的具体内容，却由北京大学历年参加、组织的重大考古发现缝缀而成。在北京大学赛克勒考古与艺术博物馆中，370余件(组)文物、图版、照片等错落有致，组成了一幅"北大版"的历史画卷，等待着有心者的观览与感悟。

寻根溯源

若从根脉处探寻中国人的源头，自然要从旧石器时代追溯这片土地上早期人类的足迹。"北大版"的中国史另辟蹊径，从东北地区拉开了大幕。走入第一单元，便可看到一组早期人类化石横陈于展柜之中(图2)。这组人类化石原是一位东北女子的部分骨架。旧石器时代人类化石的发现殊为难得，而金牛山这位女子一个人的化石居然保留下了53块，极其罕见。经过专家的细细"打量"，可知这位女子二十出头，身高168厘米，体重150多斤，十分健硕。1984年，北京大学的吕遵谔教授带领学生实习时，于辽宁省营口市金牛山发现了这位"妙龄女子"的化石材料和相关遗址。从遗迹现象来看，这位女子和她的小伙伴们也像今天的年轻人一样，酷爱烧烤，只不过她更偏爱当地特产的鹿肉，大快朵颐之后仍不过瘾，往往敲骨吸髓(图3)。金牛山的遗骨与遗物为我们了解史前时代东北地区的活跃人群与社会生活提供了直接证据。而金牛山人对于推进东亚地区的人类演化史也意义非凡。

图 2　金牛山人化石（模型）　辽宁省营口市金牛山遗址出土

图 3　有砍砸痕迹的骨片、有动物啃咬痕迹的骨片、
被烧过的骨头　辽宁省营口市金牛山遗址出土

旧石器时代留下的是人类演进的记忆线索，新石器时代的遗迹则让人们看到文明的曙光。而如何于无声的遗物中解析文明的信息，却有赖于考古学者独辟蹊径。旧石器单元强调被时光掩埋之"真"的重现，新石器时代的众多文物背后则更隐藏着"寻真"方法的一路追问与探究。展览所见的北庄遗址和八里岗遗址，便是北大考古师生探索考古学理论与方法的典型例子。

北庄遗址位于山东省长岛县，是一处位于海岛之上的新石器时代聚落；八里岗遗址位于河南省南阳邓州，是一处仰韶时代中期的中小型聚落。单从展览中陈列的文物来看，似乎并无卓越超拔之处（图4、图5）。但实际上，考古遗存的重要性，不能以片断印象轻易判定。北庄遗址号称"东半坡"，其重要性堪与赫赫有名的陕西半坡遗址比肩，发掘之后亦被列为全国重点文物保护单位；而八里岗遗址则是"1994年度全国十大考古新发现"之一。这两处遗址重要性的彰显，很大程度上得益于北京大学严文明先生所带领的新石器考古团队在这两地持续

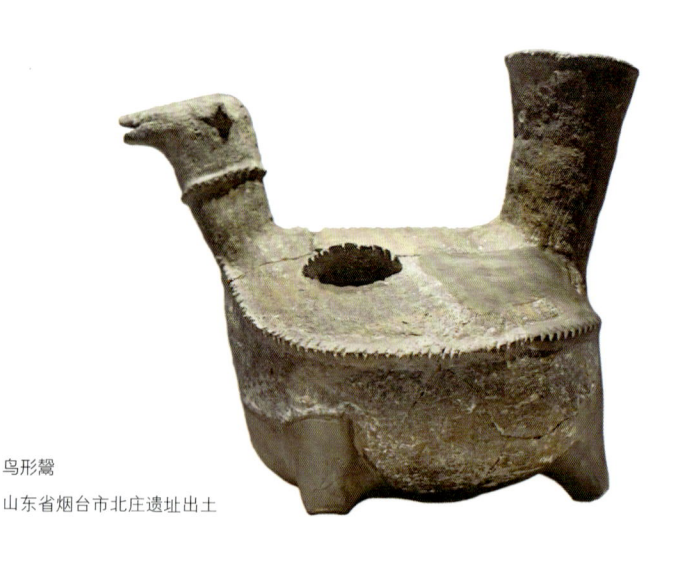

图4　鸟形鬶
　　　山东省烟台市北庄遗址出土

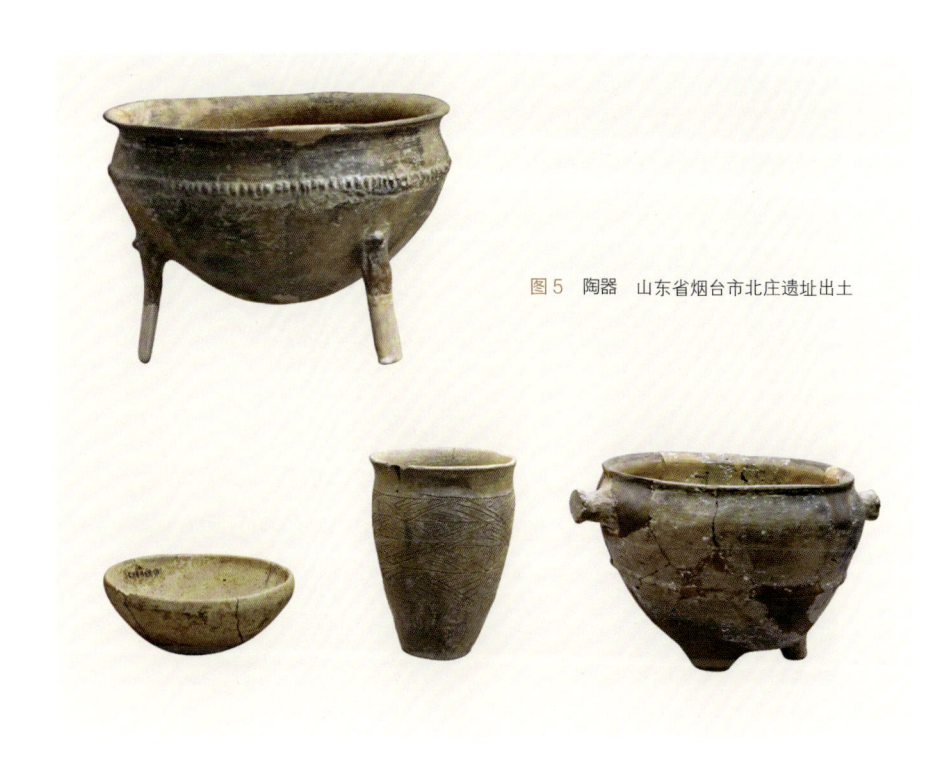

图5　陶器　山东省烟台市北庄遗址出土

近30年的发掘与研究。1981—1987年，北大考古师生先后5次在北庄遗址实习，发现了104座房址、60多座墓葬和其他各类遗迹200余处，完整地揭露了这处沿海聚落，让人们看到了中国海洋文明发祥之处的初景，也揭开了北大聚落考古探索的序幕。而地处黄河流域与长江流域之间的八里岗遗址，其发现则更是精心策划、设计的结果。八里岗遗址第一次发掘，便出土了保存极为完好的连间排房遗址，为当时所仅见。而遗址所见的多个大型合葬墓也令人印象深刻(图6)。此后，北大师生在这一遗址持续工作20年，为研究仰韶中期的聚落社会提供了唯一完整的资料。毫不夸张地说，北庄遗址和八里岗遗址的价值，是被持之以恒的北大考古者，用开创性的方法"找"到并"挖"出来

图6　多人合葬墓　河南省邓州市八里岗遗址

的。"真"的面容，依赖于会发现的眼睛。

更重要的是，北大考古者以八里岗等遗址的工作为起点，承担国家文物局的委派，全面修订了《田野考古工作规程》，将北大经验推广全国。这一规程是近年来全国田野考古工作新的通行标准。在静立无声的文物背后，亦隐藏着北大引领时代风潮的某个侧影。

礼乐之邦

展览序厅头一件文物是扬首回眸的晋侯鸟尊（图7），表明此展夏商周部分的故事将以晋人的视角为准。晋国之封源于周成王之弟叔虞。周成王未执政事时，与叔虞玩耍，以一片桐叶分封弟弟，却被机灵的叔虞上报给周公旦。古板的周公旦无视成王的狡辩与心痛，认定君无戏言，执意将晋地封给叔虞。这便成就了东周著名的大国晋国。晋侯鸟尊为叔虞之子燮父进奉宗庙的礼器。燮父之所以将礼器制成凤鸟之形，意在彰显晋国领袖与周天子的血脉关系——周人以"凤鸣岐山"而兴，凤鸟正是周人的图腾。无论从身份地位还是政治含义来看，这件出土于山西天马—曲村遗址晋侯墓地的鸟尊都无愧于"国宝"的称号。更重要的是，晋侯鸟尊与天马—曲村遗址出土的众多遗存一道，让声名显赫的晋国露出了真实的面孔。而历时20多年，为这些晋文化遗存擦去历史风尘的，正是北大商周考古团队。

图7　晋侯鸟尊　山西省临汾市晋侯墓地出土

步入展览第三单元"夏商周考古",便从史前的陶器时代,迈入了青铜时代。一入展厅,便可看到展线两侧均布列青铜器,使观众沉浸于青铜世界。展览说明牌仅列出青铜器的名称,并未多做描述,但若结合展板,细看展品编号,便可知第三单元的头一组青铜器,均来自天马—曲村遗址的同一座墓葬 M6210。这座西周早期墓的墓主人是位 56 岁左右的老先生。他不过是晋国的普通贵族,但其墓葬中却出土随葬品 400 余件,包括铜器、玉石器、漆器等,而青铜器又包括礼器、兵器(图 8)、车马器(图 9)三类,显然颇为讲究。礼器之中,酒器(图 10)与食器(图 11)兼备,铜器器形、花纹严整规矩。如此微环境中展示出的完整组合,透视出的却是整个时代崇尚秩序制礼作乐的变革。

第三单元的第一组展柜着眼于普通贵族的用器细节,第二组展柜

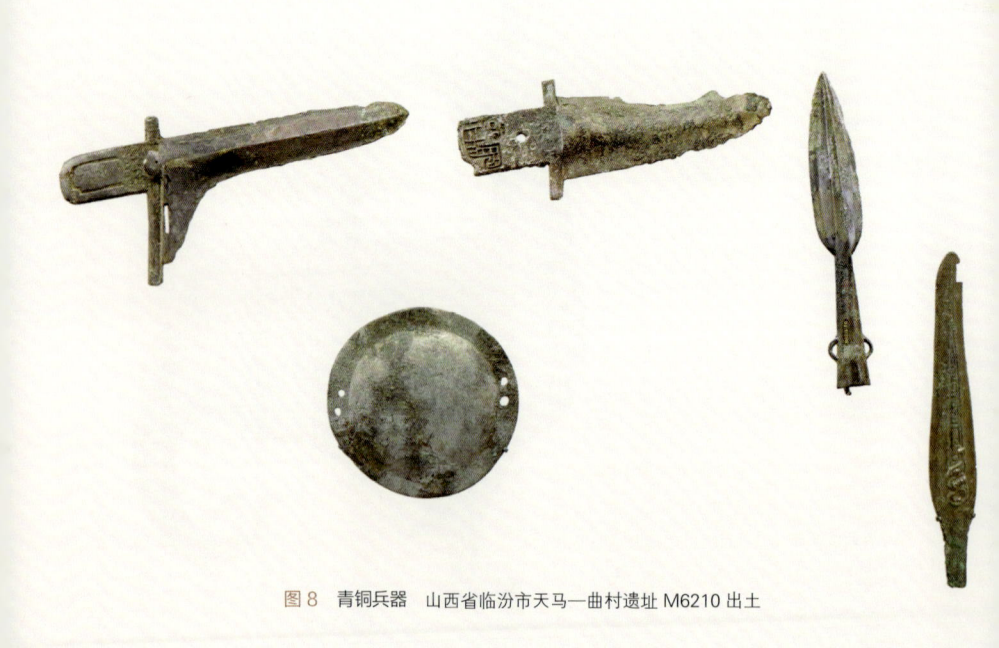

图 8　青铜兵器　山西省临汾市天马—曲村遗址 M6210 出土

图 9　车马器　山西省临汾市天马—曲村遗址 M6210 出土

图 10　铜卣
山西省临汾市天马—曲村遗址 M6210 出土

图 11　青铜鼎　山西省临汾市天马—曲村遗址 M6210 出土

则同时跃升了观察历史的空间视角和社会等级，集中展示了晋侯墓地的精品文物，试图推动展览叙事层层递进。西周时期诸侯级别的墓葬发现不多，且大部分被盗。正因如此，晋侯墓地的发现尤显珍贵。虽然此墓地亦未能逃脱被盗的命运，但考古力量介入之时，尚有半数墓葬保存完好，为研究晋文化提供了重要史料。展览中有两件晋侯稣钟（图12），处于第二组展柜的核心位置，正是晋侯墓地前世今生坎坷经历的缩影。

周厉王时，晋侯稣随王征伐东夷，战功卓著，受王封赏，遂铸编钟一套十六件以记之。晋侯稣百年之后，此套编钟亦随之长埋于地下。1992年，晋侯稣的安息之所惨遭盗掘。北京大学与山西省的考古工作者赶赴现场时，仅从被盗墓贼炸开的墓穴中抢救出两件编钟。而另有十四件编钟，没过多久便出现于香港古玩市场。上海博物馆马承源馆长慧眼识宝，见过照片之后，当机立断，花重金将之购回。此后，马承源先生邀请北京大学邹衡先生赴上海共观编钟，两位先生惊奇地发现，这十四件编钟与M8所出的两件编钟所记铭文可以连读，由此确定，这十四件编钟原本亦应出自晋侯稣之墓。晋侯稣钟铭文所记的征讨东夷之战，为史书所无，自然增进了今人对西周战争、周王诸侯关系的认识。而晋侯稣以编钟记事记功、以求世代流传不朽的做法，亦

图12　晋侯稣钟
　　　山西省临汾市晋侯墓地出土
　　　（图片来自网络）

暗示了乐器的重要性和其在时人心中的地位。

从更宏大的视角来看，晋国青铜礼乐之器的形态、种类与使用，不过是商周时代礼制变革的地方性呈现。晋地礼乐不过是对周王室的亦步亦趋。那么周人的礼乐文化又由何起源呢？第三单元第三组展柜重点展示的周公庙、周原遗址的相关发现，正是推动这一研究的重大发现。

2003年12月，北京大学教授徐天进率领学生在陕西周公庙遗址调查时，发现了两片55字刻辞甲骨（图13），引起了整个学界的高度重视。北京大学和陕西省文物考古研究所当即组建联合考古队，展开了对周公庙遗址的发掘。不挖则已，一挖惊人。前所未见的4条墓道的大墓、成千上万的卜辞甲骨，还有数千座墓葬、4座铸铜制陶遗址和40多座夯土建筑遗址等，在钻探和发掘之中，一一呈现，震惊世界。"夏商周考古第一人"邹衡先生认为，周公庙遗址大型墓地的发现是新中国成立之后最为重要的考古发现，其价值堪与殷墟媲美。从卜辞

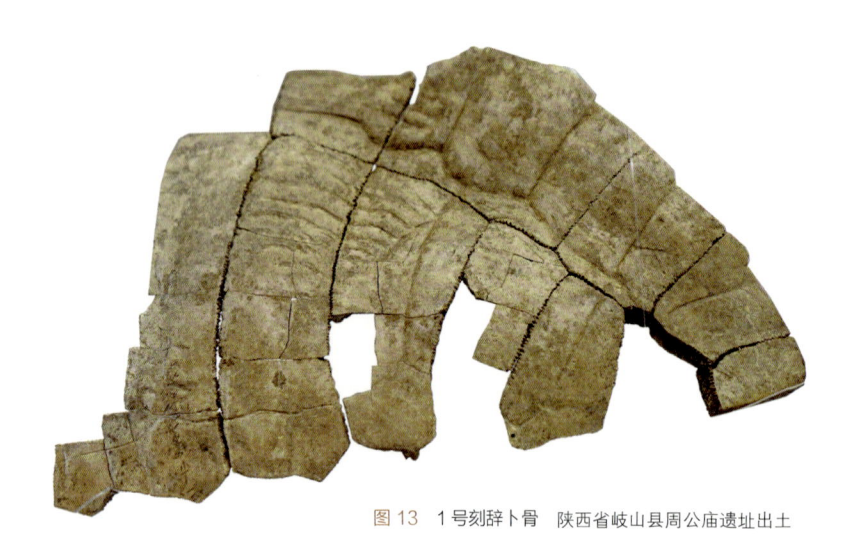

图13　1号刻辞卜骨　陕西省岐山县周公庙遗址出土

图 14　2 号刻辞卜骨
陕西省岐山县周公庙遗址出土

甲骨中频繁出现的"文王""周公"等人名，结合墓地等级和文献记载，推测周公庙遗址很有可能是周公家族的采邑。而周公正是商周之际礼乐变革的重要人物。自周之后，中华历代礼制均是在周礼基础之上发展演变，因此，周公庙遗址亦堪称华夏礼乐文明的发源地之一。卜辞甲骨上歪歪扭扭的字迹零落残缺（图 14），王朝的荣光、家族的辉煌，在荒野之中飘零数千年，渐行渐远、沉默寡言。幸运的是，它终究等到了知己。

何以 CHINA

如果说寻根溯源和制礼作乐，是华夏民族自我认同的核心。那么"CHINA"一词的解读，或是洞悉异域他者认同的最好镜像。展览的最后两个单元，正好交汇于"CHINA"，构成此词的两面。"秦汉唐时代考古"着力于表现秦文化，而"秦"这一名称正是"CHINA"一词的来路，"宋元明时代考古"则聚焦于表现陶瓷考古，这正是"CHINA"后来的归处。

秦王扫六合，建立了中国第一个大一统王朝，千秋功业，震古铄今。然而当初的西陲小国，到底如何日渐崛起，却难以在简短的史料中拨云见日。早期秦人的由来早已引起了学者的兴趣，但精彩的发现却迟至 21 世纪初才邂逅有缘人。由北京大学师生参与发掘的礼县大堡子山遗址，便是早期秦人曾经活跃的舞台。精准的盗洞打在了罕见青铜乐器祭祀坑（图 15）20 厘米开外，让印象中严苛残忍的秦人"侥幸"地显露出雅好音乐、彬彬有礼的一面。或许正是早年秦人对中原礼乐的向往，才让他们发愤图强，一路向东。在探索早期秦文化的过程中，考古者却意外地发现了秦宣太后"芈月"的爱人——西戎王者的奢华遗存。第四单元中心展柜展示的，正是来自戎人部落的金银财宝（图 16），璀璨夺目。西戎于史书中屡屡出现，其音容却始终云山雾罩。甘肃省天水市张家川回族自治区马家塬战国墓地首次揭开了西戎的面纱。何为秦人、何为华夏正统，恐

图 15　铜虎　甘肃省礼县大堡子山遗址出土

图 16　高浮雕兽面纹金带钩
甘肃省天水市张家川回族自治区马家塬战国墓地出土

怕要对比戎狄方知。秦戎相邻，戎人尚金慕其华美，秦人制乐求其雅正，两相对照之下，古代族群的文化边界清晰可见。

然而，无论是大秦威名，还是古乐遗韵，都绝非近代之后外人熟知的"CHINA"。在海外世界，为中华打响名号的，实为瓷器。如冰似玉的青瓷曾让印度洋沿岸的餐桌一片青碧，而青花瓷则让欧洲贵族嗜瓷成瘾，不惜倾家荡产。让人如痴如醉的瓷器，其生产奥秘，则隐藏在往日的一个个生产基地 —— 瓷窑之中。正因如此，北京大学陶瓷考古团队自 20 世纪 80 年代以来，先后在磁州窑、越窑、钧窑、龙泉窑、定窑、景德镇等重量级瓷窑遗址进行了调查与发掘，用那些年被烧坏、打碎的废瓷烂瓦，再现了历代瓷工的智慧与创造。展柜之中，密密麻麻，"挤"满标本，定睛细看，又各有特色。如处于独立展柜中的北宋晚期定窑刻花五管大瓶（图 17），为 2009 年定窑考古发掘中由北大学生逐片拼起，器形前所未见，十分难得。定州瓷恬静，磁州瓷活泼（图 18），分别代表了中国白瓷的两条轨迹，并置一柜，则宋代的雅俗品味泾渭分明，而宋代由士大夫至于平民的日常风景，亦一览无余。至于青瓷一系，从越窑至龙泉窑，青瓷直至巅峰，而北大参与的寺龙口越窑址、枫洞岩龙泉窑址发掘（图 19），一则勾绘了越窑从晚唐至南宋的完整面貌，确认了宋室南迁时，越

图 17　五管大瓶
　　　　河北省曲阳县定窑遗址出土

图 18　"福德枕一双"叶形枕
　　　　河北省邯郸市磁州窑遗址出土

图 19　青瓷执壶
　　　　浙江省龙泉县大窑村
　　　　枫洞岩窑址出土

图20　元青花麒麟纹大盘　江西省景德镇市御窑厂窑址出土

窑于南宋官窑的发轫之功，一则展现了青瓷最后的至高辉煌——大明处州官窑的莹澈欲滴。由唐至明，青瓷终究成就玉般釉色的最初理想，而这两次发掘，正见证了其800年间的关键时刻。北大在景德镇落马桥、御窑厂等地点持续性的考古工作，亦让国际名瓷青花瓷（图20）留下的草蛇灰线纤毫毕现。远方而来的青料，在日臻成熟的白瓷上绽放出幽蓝的花朵，最终又震撼于远方。航路不息，来来往往，一路既有瓷器压舱，便不必畏惧狂风巨浪。走出去的是瓷器，亦是中华。而"CHINA"从何而来？制瓷取于此土，考古"考"问此土——一切皆在这片我们站立的土地。

结语

"寻真",是一个难以完成的任务。真实的历史,既是广大的、繁密的,又是隐秘的、无声的。它在遗忘中隐藏起自己宏大的身体,又留下星星点点、千头万绪。正因如此,追寻真实的历史,仿佛某种近乎"双曲线"般的绝望努力——虽然永无相交,但求无限靠近。这样的追索,在博物馆的聚光灯下,显露出考古者们悲剧英雄般的力与美。"寻真",这既是文物织就的另一种"真"历史,亦是北大考古者"寻寻觅觅""蓦然回首"的学术史。而在这学术史中的发现与发明,映射的正是人类创造历史的脚步,从未停息。

(本文图 1 来自北京大学赛克勒考古与艺术博物馆官网,图 12 来自网络,其他图片由作者摄自展览现场)

延展阅读:

北京大学考古文博学院编、赵辉主编:《记忆——北大考古口述史(一)》,北京:北京大学出版社,2012 年。

以地之名

书　　名：《考古的另一面》
作　　者：郑嘉励
出 版 社：广西师范大学出版社
出版时间：2016 年 6 月

　　学习一门学科，有时候越学越明白，有时候越学越糊涂。糊涂和明白又往往相伴而生。譬如考古学。

　　在《中国大百科全书·考古卷》中，夏鼐先生和王仲殊先生说，考古学是根据古代人类通过各种活动遗留下来的实物以研究人类古代社会历史的一门科学。"定义"是很微妙的。有些时候它是一种归纳总结，有些时候它是一种雄心壮志。根据定义来想象一种学科的实际，有时候不免讶异，又不免失落。这定义里有"古代人类"，那么古代人类里的谁更受考古学家青睐？"各种活动"，那么哪些活动能吸引更多研究者？哪些"实物"更受重视？"研究人类古代社会历史"，什么是社会？什么是历史？——帝王将相的江山？还是匹夫有责的天下？"科学"，考古是科学吗？对照今天国内考古的实际工作，和我们司空见惯的考古发掘简报与报告，这定义里的种种用语不免让人"疑窦丛生"。现实与定义的差距表明，有时候提出问题比回答问题更重要。定义者的良苦用心由此显而易见——高瞻远瞩中尽是对中国

《考古的另一面》封面 （图片来自网络）

考古后辈学者的激励和殷殷嘱托。定义言语中"透物见人"的宗旨，至今仍是考古学者群体孜孜以求的目标。

而这般期待，却也是我等初级研究者焦虑的源泉。地层之中，斯物已矣，见位置，见年代，甚至见功能倒都还好说，如何"再见古人"却总让人一筹莫展，更别说见自己、见天地、见众生。不过还好，考古学者们的工作使命就是与未知作战——挖别人没挖过的墓，走别人没走过的路。在这个探索的层面上，《考古的另一面》是一本特别的著作。它既是踏遍光荣荆棘路的印迹，也是化荆棘为雅趣的风景。

"另一面的考古"

近年来，中青年的考古从业者时常提出一个问题：型式之外，我们还有什么？这个焦虑针对于考古学惯用的地层学和类型学方法。虽然从20世纪80年代起，海外的考古学理论不断被介绍到中国来，但似乎到了考古工地上，用得顺手的还是地层学和类型学。然而地层学、类型学乃至考古学文化，最终解决的问题总是分期、分区，一堆瓶瓶罐罐构成的线图排列列表，看起来既不如盗墓刺激，又不如《神话》神奇，好像甚至还没鉴宝技术含量高，不免让众多期待围观"怪力乱神"的群众大跌眼镜。这当然有时也不免让深陷分型定式的考古从业者苦恼：难道历史是靠碗盘杯碟推动的？

实质上，从发掘到考古报告的完成，只是考古工作的一个阶段。在这个阶段中，考古工作者致力于解决调查、发掘所获遗存的时间和空间问题。对于时空问题而言，地层学与类型学是有效的方法，也是考古报告强调的主体。不过，即便在这个阶段，考古田野工作也并非只包含针对所发掘遗物遗存的地层学分析和类型学分析。在冷静的学科方法之外，自有一番属于学者的热情，充满好奇地打量他眼前的古今世界。在目标遗存之外，原也会有更多看似不相干的意外发现。在人文学科的研究中，理性的分析固不可少，略带感性的感知原也应当是必要的补充。假如我们承认万物处在密切的联系之中，那么目标遗存所存在的各类古今环境、人事变迁，原也应当是我们充分感知、记录的部分。但这种对发掘目标之外的记录和由调查发掘引发的"感想"是很难被写入针对性颇强的考古报告之中的。在这一点上，《考古的另一面》无疑开启了一条新的道路。作者所记录的对象看似散淡，但却充溢着对曾经、对当下的关怀。在撰写严谨冰冷的考古报告之余，考古人毕竟尚有一番数据处理之外的温情，毕竟尚有一番不改初衷的家国之思。追溯考古学史，傅斯年为首的学者们之所以要引进考古学、重建古史，不正是因为他们在民族危亡的时局下怀着对家国存亡、对文化兴衰、对大好山河的深切关怀和深挚感情吗？在《考古的另一面》中，作者把这一番承自前贤的温情，化作了点点滴滴细致入微的体察与记录。虽然作者谦称为小品杂文，无心偶得，但从内容来看，观物行路、谈薮家书，无不是对冰冷工作报告之外的细密补充。而考古人的追索与情怀，不着痕迹，尽在墨端。上穷碧落下黄泉，考古原非流于型式。型式内外，格物求真，总有些看似微小的努力与尝试，在顺应人性的底色，贴近另一面的真理与真情。

历史的另一层 —— 帝王 vs 匹夫

地层学是一种深具隐喻性的方法。考古地层既是层层堆叠的，很多时候又是非连续、不统一的。倘若真正体悟了考古地层学，或许我们对近代顾颉刚先生由层累历史而引发的疑古思潮、对福柯关于知识考古学的阐发，都能够有更深入的体味。倘若将地层学的隐喻进一步延伸至考古研究中对社会阶层问题领域的取向，则或也有类似的启发。对不同地层的关注，会引导我们进行不同时代的研究 —— 那么对不同社会层次关注，也会引导我们产生不同的研究视角与取向。

史学中一个重要的问题领域，就是社会阶层、政治结构、社会组织问题。在这个问题领域中，既应包含了传统史学对帝王将相、政治组织的关心，也应包含了新史学对于社会史、日常历史的关注。如前所述，中国近代，考古学的兴起是傅斯年为首的一批学者对顾颉刚先生疑古思潮的响应，因此考古学的问题意识不可避免地受到了史学问题意识的影响。从社会阶层这个问题角度观察，细究多年的"全国十大考古新发现"评选，则可发现，"帝王将相类"的考古发现明显受到更多的重视。大型聚落、皇家陵墓、官府作坊往往受到更多的关注和讨论。

但若反观考古学的实践工作，普通的破陶片、破瓷片才是发现的主流。这些遗物是涉及古代普通民众物质生活状态的重要史料。这表明，在研究材料方面，考古学或在新史学的问题方向上可能更具优势。虽然新史学今天已经不"新"，但对于考古学研究，特别是历史时期考古学研究来说，如何利用碎片来书写属于小人物的日常史、如何寻求普通人的叙事视角，"自下而上"地进行史学探索，在当代考古学领域则是更具巧思的做法。在笔者看来，《考古的另一面》中有不少篇章呈现出了这一视角的问题意识。无论作者所书写的是古代的名人、遗物，还是今人今事，作者无不在进行一种探究小人物历史的尝试。由"小"入手，由"下"入道，去勾勒宏大历史结构之下的个人反馈与情感诉求。实际上，历代社会的上下阶层，始终处于不断的互动之中。上层的政策和措施，往往针对于下层的现象、行为，下层对上层的政策、措施又产生新的对策和反馈——由此则生成新的社会景象。各个阶层内部，又并非铁板一块，形形色色的位置和角色又会有不同的反映和表现。这正是历史的精彩之处。另一层的历史，在文献史料中着墨不多，却正是考古学大有可为之处。考古学者或是历史学者，绝大多数没当过宰相也没当过皇帝，多数也没当过行政领导，但却偏要操着历代皇帝和宰相的心，"自上而下"纵览全局，虽不乏真知灼见，但有时也不免隔靴搔痒。当此之时，倒不如若作者一般，回归普通人的视角，细细体察周遭一花一物一桥一人的世界。这既是考古研究对材料属性的真诚回归，也是考古人对内心与脚下沉默着的平凡土地的倾情呼应。

以地之名 —— 乡土

好的文艺应该具有什么样的特质？中学时候片面的阅读经验给了笔者一个执着的片面印象：中国好文艺，作者往往都是农村娃。正因如此，对于乡土的感情不可磨灭。从陈忠实到贾平凹，从路遥到莫言，无论作品是否真的写农村，但文字之间的乡土气息总能让人感受到厚重的气氛和力量。乡土对于文字气质的孵化与培养，让笔者感到神奇与着迷 —— 当然也令出身城市向往文艺的笔者一度感到沮丧。从这个角度来讲，考古这一职业，让作者对于土地又多了一重反复 —— 出身于乡土之间，读书远离乡土，考古回归乡土。正是因这一重反复，有对比，有发现，才让人矛盾、让人彷徨，也让人重新定义与审视乡土。

作者把《考古的另一面》在考古领域里的特殊归结为"文艺"，然而在笔者看来，这一番文艺的成立，却正是立足于考古日日夜夜面对的土地。唯其俯身于土地，方能听到、看到人与土地紧密联系而生发的种种物象情态。生于兹、长于兹、死于兹、埋于兹，最后搞不清楚历史，还要挖于兹。大约人一生最真挚的情感，最虔诚的信赖，都依附于双脚之下的坚实土地上。而土地情结也早已贯穿于国人的血脉静静流淌，就算进了城也摆脱不了 —— 要么为啥大家都拼了命要当房奴呢？唯其挖过、看过一层一层的土地，就那么悄无声息地记着一个一个的脚印、一层一层的废墟，才能于古今之间体察生命转瞬即逝的珍贵与异趣。所谓文艺,原是要在笔头文字中生出艺术的花朵吧。有这般坚实肥沃的土壤,花朵自然绚丽绽放。

文字的体式气质,只是作者的一番趣味。然而着眼的物事人情,却能看到衷心之所至。乡土博大,可观者多。考古工作,每每深入乡村,一住大半年,三成学术,七成精力耗在组织人力家长里短,若不把基层生态摸爬滚打搞个烂熟,想来考古工作也无法顺利收尾。由此,这番认识,记录下来便是对中国基层乡村绝好的社会学报告。若考古工作是在少数民族地区进行,则必有机会成为精彩的民族志或人类学报告。考古报告不对此类内容略作要求,殊为可惜。《考古的另一面》篇章之间,正具这般雏形。在笔者眼里,这大约是此书的另一番所得和开拓。

结语

或许在繁复艰苦的考古工作中有许多如水般细腻的情思感触,并不想让它们缓缓地流逝沉积,成为无言的地层,费未来的考古学史家太多的思量。于是把那些看似浅浅淡淡的痕迹留下,短短长长。作者有意无意,读者有心无心,留给不同的人,品出不同的味道来——"另一面"大约才更有"另一面"。

延展阅读:

郑嘉励:《考古四记》,成都:四川人民出版社,2018年。

大潮流与小人物

书　　名：《第五次开始——600 万年的人类历史如何预示我们的未来》
作　　者：［美］罗伯特·L. 凯利（Robert L. Kelly）
出 版 社：中信出版集团
出版时间：2018 年 7 月

　　传统历史的写作多是由帝王将相的丰功伟绩构成，中外皆是如此。传统的历史记录者似乎都是对人民群众"冷血"的人，对小人物的悲欢离合鲜有兴趣。他们不记，今天的研究者们也只好束手无策。文史不分家，就连文学从业者也免不了同样的偏好，君不见，哈利·波特的父母和杨过的家世，哪里是常人所能及。

　　相比于历史学家来说，虽然考古工作者对帝王将相的遗产也是来者不拒，但大多数时候，让考古工作者疲于奔命的还是小人物。毕竟，上开天眼，下海入地，到底厚厚的历史风尘之中藏着些什么，没人说得准。在人民群众的汪洋大海中，英雄豪杰不过是矜持的寥寥孤岛，哪那么容易便被接近？从概率上来看，还是前者更容易"挤"进考古工作者的视野。笔者想来，在最初，考古工作者也是想拒绝的吧，毕竟破砖烂瓦，残陶碎骨，章法难成。但是材料越积越多，"大数据"的"拼图游戏"却能在传统史家的主观选择之外，展示出新的风景。美国考古学家罗伯特·L. 凯利的新书《第五次开始》（*The Tifth*

《第五次开始》封面 （图片来自网络）

Beginning），或许正是众多风景中耀眼的一束光芒。

布罗代尔曾将历史时间分为三种，认为不同的历史时间表示不同层次的历史运动。其中长时段的历史是布罗代尔历史时间三分法中第一层次的历史，它以世纪作为基本度量单位。相比于布罗代尔所提出的历史时间，考古学家罗伯特·L.凯利关于人类历史600万年的回顾大约算得上是超长时段的观察。600万年的时间尺度，让凯利教授有机会从更宏观的视角出发，描绘我们虽身处其中却难以洞察的潮流。书名以"开始"为名，意在强调变化。"开始"是发生变化的节点，是故事表面的楔子。紧随楔子之后，作者更加在意的是引起变化的要素和变化带来的影响。

从物质的层面来看，人类的历史就是一部对地球的掠夺利用演进史。从几百万年前人类出现开始，直到现在，人类的一切努力就在于，创造、建立规则，让地球上的一切为我所用。或许正因如此，以技术为核心的"第一次开始"至关重要。关于这次开始，罗伯特·L.凯利的一句总结发人深省："人属在进化竞争中战胜了其他古人类种属。但是人属也增加了自身的竞争风险。收益则是成为全新的种属。"世事皆变，难道猩猩就从来不变？也在变。但从最粗陋的石器开始，人类的"变"和其他物种的"变"拉开了速度差。"变"的区别便在于，技术的加持，让最开始的匀速变成了加速。技术演进的大幕一旦拉开便无可遏制，且加速度日渐提升。伴随着技术的演进，凯利的这段总结以另外的形式被不断提及：技术变化了，我们是否还是自己？人工智能来了，人类是否会被毁灭？用另一位凯利［《失控》(*Out of Control*)的作者凯文·凯利（Kevin Kelly）］的话来说，进化的代价就是失控。但其实，技术从一开始就有反噬：石器的使用让人放弃了四脚着地的稳健爬行。从事后诸葛亮的视角来看，这当然算是进化，是好事。但是换个当事人的视角，这未必不是困惑：我不再四脚爬行了，我还是我自己吗？"我是谁"这个终极问题，从它诞生开始便与人类如影随形。技术每一次重大的发展，这个问题便会以不同的形式被重提。时至今日，渺小的人类，仍然困惑，每一次改变，都让自己不像是自己。适应与生存，令人不得不在技术的道路上越走越远，但疑问，在几百万年之前已经埋下伏笔。

与"第一次开始"相比，以文化为核心的"第二次开始"既是安慰剂，也是加速器。向外扩张，是以技术适应世界；向内探究，是用文化发掘心灵。既然在技术层面上不得不变，那么便只能在自己小小的身体里寻求故土。从物质的角度出发,以地球为载体的世界是唯一的,而用文化来观看——从层累的岩画和千奇百怪的陶器纹饰来看,以精神为载体的世界开始了几何级数的增殖——每一个人都有一重空间,大大小小的群体亦有空间,同一个世界展开了层层嵌套的幻影。这种重重叠叠的影像,让人获得了在心灵与现实变动间寻求和谐的可能。而对现实的再度反照,又让技术获得了不同层次的增殖,体量日益丰满。着眼于人类整体,罗伯特·L.凯利认为,文化的共享至关重要,因为"文化是合作关系的利器"。沉寂于脑海的思维只能是孤独的期盼,而分享才能获得认同的喜悦。正因如此,符号的产生至关重要。也正是因为符号的产生,"似懂非懂"的考古工作者在掘地三尺之后,才有了建立心灵时空隧道的可能。

农业,看似是与"技术""文化"不同类别的概念,但却被凯利教授视为"第三次开始"的核心。这或许是因为,农业为人类带来的实质变化可以与技术、文化等量齐观。从群体的意义上讲,"技术"为人类的空间以及空间内所含资源的开发提供了规范与效率,"文化"为群体沟通提供了规则,农业则以相对稳定的产出,为人类赢得了时间的规则。农业如何产生至今仍有不休的争论,但它为人类带来的变化却显而易见。狩猎采集经济看似自由,却极为动荡,人的觅食活动几乎完全仰赖于区域资源。但是农业的逐渐发生,让人们发现了一种全新的生活方式。人们可以利用自然规律,通过劳动,循环往复获得更稳定的食物来源。这让人类在空间和时间利用上都更趋于稳定。规律的时间准则,让人无论在技术、文化还是经济上的开发都更趋于精细。时空的稳定,看似缚住了自由猎人的手脚,让他们无法再闲云野鹤、疾驰如飞,但却是水滴石穿的首要条件,它为渺小的人类更迅猛地进步、创造更大的价值铺就了基石。诚如凯利教授所总结:"随着农业出现，变化来得更快，更剧烈。最近 10000 年，特别是 5000 年来，发生了远多于过去 600 万年的变化……这是国家的时代。"

紧跟在农业之后，约公元前 3000 年之后，形形色色大大小小的"国家"崛起，宣告了人类的"第四次开始"。与前三次变革不同，"国家"的要义在于组织，在于人类如何由个体凝聚为群体，进而实现一加一大于二的奇迹。在众多史书之中，诸多帝国元首的故事仿佛寻常，但若走出书斋，置身田野，看一看千百年前，仅靠人力便已落成的金字塔、巨石阵、长城、罗马大剧场，方能感受建立国家的伟大和帝国元首的权势。雄伟的人工造物以或方正或浑圆的姿态，宣告着它们与自然之物的不同，也以它们的物质形态，隐喻着组织的要义。组织，是人类为自己量身打造的规则。与技术、文化、农业不同，国家和组织似乎是更隐蔽的概念，它们无色无味亦无形，距离以靠物质证据说话的考古学家甚为遥远。但巨大的工程遗址，或许便是最好的镜像，也是最好的证明。这场看似发生于人类内部的裂变，却最终带来与地球更深刻的互动。

"第四次开始"，人类在与地球的互动中，构建了空间、时间、沟通、组织的规则，从渺小的行为汇聚成宏大的潮流，势难阻挡，潮涌潮退，我们只能看到岸上留下的点滴造物，但却无法说出潮流中任何一滴水滴的名字。因为创造潮流的，原本便是众多籍籍无名的小人物。

在书的开头，凯利课堂上的老妇人说："我的父亲，生而为奴。"这引发了凯利的感慨和思考。这位妇人和他的父亲两代人的生命，是时代潮流变迁的一部分。但自始至终，凯利也并未提及这位妇人的姓名。这更像是一重隐喻。从东非的峡谷到科罗拉多的崖壁、从尼罗河的平原到危地马拉的玛雅遗址，我们以今天的认知为这些发现定名，却无从知晓是谁创造了这些时空的桥梁。考古学家经手的累累白骨，连缀成人类食性变迁、"脑海扩张"的线索，勾画出技术、文化、农业、国家铭刻在人类身体上的痕迹，但却无法重现这些小人物的悲欢——小人物用全部，勾画了属于人类整体的地图。开头无名妇人用平静语调叙述的惊心动魄，正指代着凯利此书埋伏的最大张力之所在——以平静的实物展开汹涌的潮流，以小人物的无言汇聚时代的呐喊。而这也正是考古学的核心魅力之所在。

未来究竟如何，难以预料。就算要写一本前瞻未来的书，凯利教授也还是要一再强调，未来学家会一再犯错。言下之意，还是希望读者要对他的"第五次开始"的预测给予一些宽宥。类似的是，投资专家彼得·林奇（Peter Lynch）在《漫步华尔街》（*A Random Walk Down Wall Street*）中也一再强调股市预测的不靠谱：任何股票专家给出的股市预测，准确度都和猴子差不多。话虽这么说，彼得·林奇却仍然能够给出笑傲华尔街的靠谱投资建议：投资趋势——从历史来看，至少从美股诞生开始，它的总趋势一直在上扬。英雄所见大概略同，凯利教授也明确说，他不会断言什么将会发生，但他将描述潮流，指出应该的走向。凯利教授猜测，在未来考古学家的眼中，始于公元1500年的欧洲殖民运动、工业革命、资本主义和全球化或许宣告了人类的"第五次开始"。我们已经经历了这场开始之后500年间带来的加速变化——科技、经济飞速发展，物质文化变化加速，全球人们的联系和交流日益紧密，等等。但这"第五次开始"未来还会带来什么，我们大可开卷一览凯利教授的预测。不过值得"剧透"的是，一位从600万年前走来的智者，对未来保持了谨慎的乐观，这或许能让我们稍觉心安。

然而，对笔者而言，凯利教授对未来乐观的估计，某种意义上仍令人焦虑。这份焦虑源自身份的相似与差别。同为考古工作者，中国考古人，何时能像罗伯特·L.凯利一样，将视野置于世界？何时能够在世界舞台上发出来自东方的思考？凯利教授的书，虽然只是一本面向公众的科普著作，但力透纸背，字里行间透露着西方于全世界的百年学术积累。尽管近10年来，中国各考古单位已经开始启动多个项目，走出国门，尝试探究异域考古学文化，但与西方学者相比，我们仍任重道远。

  另一份焦虑，源自差别，也涉及"第五次开始"。面对同一场关乎未来的考试，优等生和落后生，是否应当保持同样"谨慎的乐观"？凯利教授将公元1500年作为"第五次开始"的起点，透露着领先者的自信——无论我们是否承认，目前的全球化仍然是在西方文明的主导之下。既然如此，那么退缩回国家、民族的维度，这份来自西方的乐观是否有文明之别？它是属于西方人还是属于全人类的？抑或是文明竞争的胜利者？置身于长时段的历史，身若夏虫的我们，自身大概不必承受太遥远的冬天的寒冷或欣赏雪花的轻盈，但为了我们这些小人物对子孙后代的微渺情感，或许仍有必要为这份困惑尽到自己那一份慎重而坚决的努力。

三星堆很热闹　考古人很寂寞

片　　名：《发掘记》
导　　演：刘军卫、朱允
播出平台：中国中央电视台第9套（CCTV 9）、央视网
播出时间：2021年3月10日—2021年3月14日

在央视连线南派三叔的那一刹那，我的脑海中浮现出一句歌词："狂欢，是一群人的孤单。"三星堆考古直播，场面够宏大，媒体够豪华，发现够精彩，但身为考古人，那一刻我只觉得寂寞、孤单、冷。时至今日，中国考古学出现已经100年整了，在各色大发现震惊世人的喧嚣之处，考古人还是那样"事了拂衣去，深藏身与名"——并不是潇洒，主要是无奈。物的沉默与多重指向，引来围观者的遐思想象，而在千奇百怪的解读下，考古人的声音倒成了喃喃自语的低音。在这样的语境下，央视推出的另一部纪录片尤显可贵，那便是《发掘记》(图1)。

与大多数考古题材纪录片不同，《发掘记》并不是一部以考古发现为核心的纪录片——尽管它在选择考古遗址上煞费苦心。从遗址的历史时期来看，5集纪录片选择的考古遗址涵盖了史前、商周、秦汉、辽金、近现代5个时期，尽可能按照时间线索呼应考古学研究的大时段区分；从遗址空间来看，5个考古遗址辩证地包括了中心与边疆、

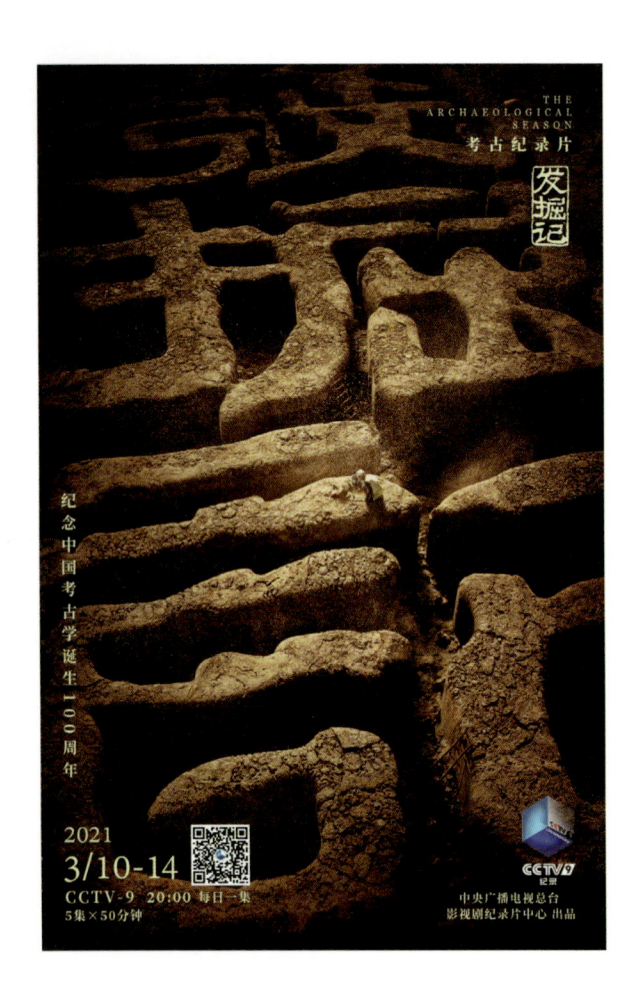

图1 《发掘记》海报

陆上与水下；从遗址性质来看，脱离了以往以墓葬为主的做法，而更多地偏向于城址，并新补入了沉船类遗址。尽管平粮台遗址、山西晋墓、栎阳城遗址、辽上京遗址、"定远舰"沉船都是极为精彩的重量级考古发现，但它们只是《发掘记》破题的线索，纪录片真正的重点，在于人。

抛却一贯在各类盗墓探险片中为盗墓贼、探险家充当迂腐无能映衬的考古人不说,在不少考古纪录片中,为大发现充当配角的考古工作者,又像各种"爽剧"中的人物——反正最后总是能找到大发现的(否则也不会拍纪录片),前面越是疑难重重,后面越是酣畅淋漓。而这"爽剧"中的人物形象无非是百折不挠、终得正果。非黑即白的"艺术"刻画,要么造一群痴人,要么造一群圣人。那并不是考古人。

或许是因为前人留下的空白,从《发掘记》的整体人物结构安排来看,它雄心勃勃。在前三集中,其主线人物按照青年—中年—老年的结构,观察不同年龄阶段考古人在发掘现场的境况,在第四、五集中,又特别关注到考古技师的成长与水下考古人的海上工作,此外,辅之考古队中的不同"角色",由此勾勒出相对全面的一线田野考古人的群像。而当纪录片团队深入到考古生活本身,考古人所处情境的天然张力逐一展现。

第一集中,镜头对准了平粮台古城遗址的发掘(图2、图3),以北京大学师生的田野考古实习为主要内容。第一次田野经历,往往决定了考古专业本科生日后的去留。摄制组选取了两位北大学生李瞳岳和谷煜农作为主要人物。当青年学生进驻田野考古工地时,其本身面临的第一重冲击,是城乡差别;第二重冲击,是书本与实践、文字与土地的差别;而对于李瞳岳与谷煜农来说,他们可能还面临第三重冲击——考古队的发掘对象平粮台古城是一座史前城址,而他们在整个实习阶段几乎都在挖打破城址的汉墓。如果以目的论而观,这就算某种程度的"失败"了。但是,在重重冲击之下,两位青年学生还是决定继续攻读研究生。是什么促使他们做出了这样的选择?纪录片并未直接展示这个答案,而是从头到尾地跟拍了实习过程,把考古队和青年学生的真实境遇展露出来,让观众自己体会其中若隐若现的提示。而这种拍摄手法,似乎又呼应着考古学的某些理念:过程更胜于结果。

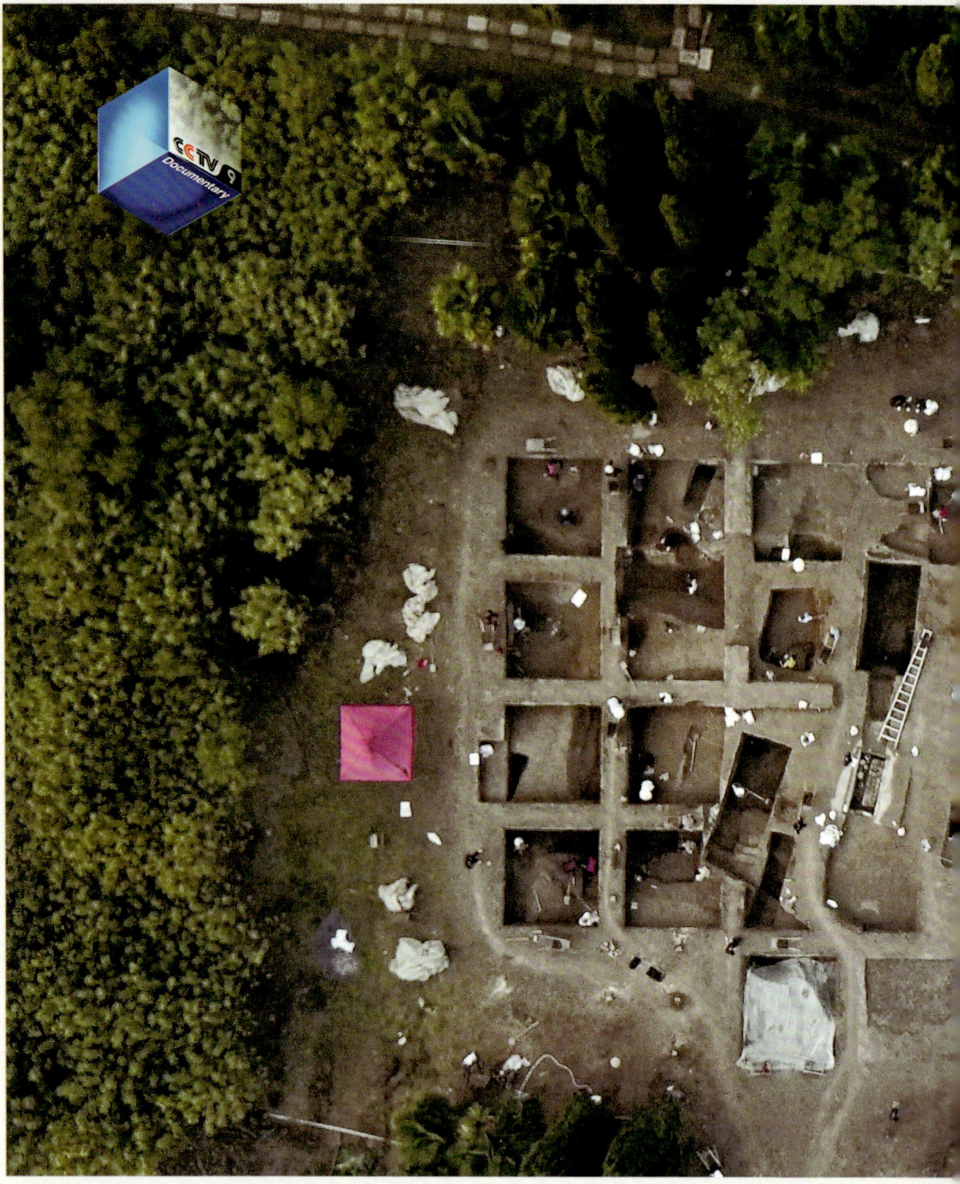
CCTV 9
Documentary

图 2 《发掘记》第一集《奔向田野》中的平粮台古城遗址发掘区（一）

1980

南城门

图 3 《发掘记》第一集《奔向田野》中的平粮台古城遗址发掘区（二）

图4 《发掘记》第二集《晋地深处》 展现的墓葬发掘现场

    当青年学生成长为考古队伍的中坚力量，他们又处在怎样的境遇中？第二集中发掘领队田建文在山西晋墓发掘过程中的心情跌宕和亲身经历，或许是考古生活与生涯的某种常态。晋南地区古墓众多，是盗墓较为严重的地区之一。由于发掘本身便是一种破坏，因此如果不是为了解决重大考古课题，我国的发掘项目一向以抢救性为主。片中田建文主持发掘的，便是一座曾被盗过的墓葬（图4）。在发掘的过程中，田建文担心两件事，一是墓到底被盗过没有，二是被盗过的话，盗墓贼是否把墓葬彻底扰动破坏。这座墓被盗过三次，但是由于墓室坍塌，三次盗扰都没打到墓葬核心的位置。田建文所率领团队往下走的每一铲土，看上去平平无奇，对他来说却总是惊心动魄。这项发掘，看似有条不紊，实际上却如同考古工作者与盗墓贼跨越时空的对决。这一次幸好有个好结果，但好结果带来的舒心，却恰恰透露了它的难得。

15岁考上北大的田建文，堪称智识精英，但影片中的这位领队的形象，却与田间老农无异。这种反差，促使观众追问，究竟是什么，让他最终选择扎根于乡土、拥抱曲沃？片中没有用旁白来塑造一个高大的人设，但片中穿插的田建文的一首首自在活泼的打油诗，却传达出不同于流俗的追求与心境。

如果说平粮台古城遗址实习展现了考古人的成长，晋墓发掘显现了考古人的成熟，那么已经取得了瞩目成就的考古人，又处在怎样的状态中呢？年近八十的李毓芳先生是考古领域的著名专家，早已功成名就。尽管退休，但她的日常仍是驻扎在工作了一辈子的栎阳城遗址，指导发掘，撰写报告，孜孜不倦。城市，是人类文明的重要标志，而城市遗址考古，或许也是最能展现人类社会精神精髓的工作。这种精神精髓，就是坚持与传承。栎阳城考古40年，殷墟考古已经近百年。搞清楚一座历史中的城市，一辈子不够。当镜头前腿脚不便、头发花白的李毓芳先生，仍然以昂扬的精神投入考古报告写作之时，我们或许可以感受到前辈学者对历史浩瀚的敬畏、对肩上责任的坚持和对内心理想的执着。在历史面前，人的生命是短暂的；在对历史的探索面前，人的生命同样是短暂的。短暂与悠久，渺小与浩大，人始终面对着这样的困惑与无奈，但是当一代代人义无反顾，当一代代人以有限的生命投入对浩瀚的追求，历史会褪去浓雾，让生命的脉络展向未来。

《发掘记》的主创团队，在决定拍摄这些遗址和这些人的时候，那些遗址尚未发掘，所以他们并不知道考古人究竟能发现什么。所以我十分怀疑《发掘记》的创作者在做出决定的时候，内心是否闪过一丝绝望与崩溃。然而，从这个角度来看，在决定拍摄的那一刻，他们大概走近了考古人开启发掘时的心境——因为每一次，虽然知道自己想要找什么，但是到底能够找到些什么，却是未知的。北大师生不知道自己能找到平粮台古城的中轴线，田建文也不知道一座被盗了好几次的墓居然还能留下相对完整的遗存。迷雾中的等待和探索，是考古中必经的历练，也是每一个普通的考古人发现自己、成为自己必经的过程。这或许才是《发掘记》最终的谜底，"发掘"的对象，不仅仅是遗存，不仅仅是古人，也是如今平凡的我们自己。

《发掘记》主创团队给出的题解是与"发掘季"谐音，但"XX记"这种语式和《发掘记》的内容指向，却让我想到《史记》和《出埃及记》。《史记》是开创之作，"出埃及"是转折时刻，"开创"与"转折"都符合中国考古学出现的那个时刻——它的出现，"上穷碧落下黄泉"，带给人希望与活力，暗含着我们从源头上理解自己的渴望。而《发掘记》本身也如一缕曙光，让人终究看到围城内外试图了解彼此的动人努力。

后　记

本书各篇绝大多数写作于2017—2020年，是前作《看展去》的延续。更换书名是因为，本书除写展之外，也涉及少量对考古相关书籍、纪录片的评论以及考古现场的介绍。写下此书诸篇的动机，在前作中已有详叙，此不赘述。

本书诸篇原多发表于报端，感谢史祎、杨剑等编辑老师长期以来的信任、帮助和支持。此次结集出版，仍要感谢扬之水老师提供的机缘。感谢出版过程中本书编辑老师的大力帮助。

该如何向感兴趣的人介绍考古学，很多人都在摸索。我也是其中之一。希望自身一点微薄的努力，能为理解的桥梁增加一两块砖石。